EinFach Deutsch

Unterrichtsmodell

Willi Fährmann

Es geschah im Nachbarhaus

Erarbeitet von
Ute und Udo Volkmann

Herausgegeben von
Johannes Diekhans

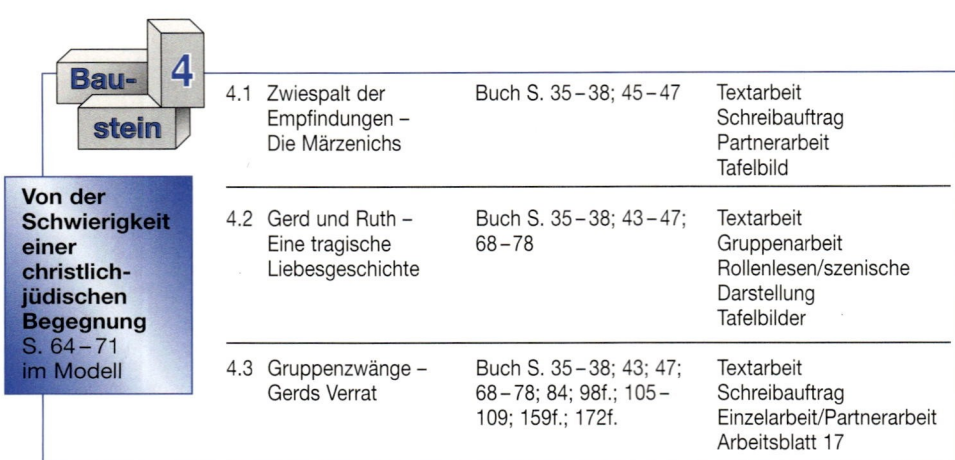

Bau-stein 4			
Von der Schwierigkeit einer christlich-jüdischen Begegnung S. 64–71 im Modell	4.1 Zwiespalt der Empfindungen – Die Märzenichs	Buch S. 35–38; 45–47	Textarbeit Schreibauftrag Partnerarbeit Tafelbild
	4.2 Gerd und Ruth – Eine tragische Liebesgeschichte	Buch S. 35–38; 43–47; 68–78	Textarbeit Gruppenarbeit Rollenlesen/szenische Darstellung Tafelbilder
	4.3 Gruppenzwänge – Gerds Verrat	Buch S. 35–38; 43; 47; 68–78; 84; 98f.; 105–109; 159f.; 172f.	Textarbeit Schreibauftrag Einzelarbeit/Partnerarbeit Arbeitsblatt 17

Bau-stein 5			
Von der Bedeut-samkeit der Freundschaft S. 72–75 im Modell	5.1 Karl Ulpius – Ein Junge bezieht Position	Buch S.13–17; 30–32; 48–54; 85–90; 103–105; 109f.; 115–119; 132–144; 146–150; 154f.; 158–168	Textarbeit Schreibauftrag Partnerarbeit Tafelbild
	5.2 Freundschaft ist ... – Vater Ulpius' Beispielgeschichte	Buch S.109–115	Textarbeit Schreibauftrag
	5.2 Gegen das Vergessen – Karls Berufswunsch	Buch Kap. 5; 14; 16	Textarbeit Schreibauftrag Partnerarbeit szenisches Spiel Tafelbild

Bau-stein 6			
Literarisches Lernen S. 76–87 im Modell	6.1 Vom Faktischen zum Fiktionalen – Die „Keimzelle" des Romans	ganzes Buch	Textarbeit Schreibauftrag Einzelarbeit Arbeitsblätter 18–19
	6.2 In den Köpfen nichts bewegt – Von der Ohnmacht des Einzelnen	Buch S. 174	Textarbeit Schreibauftrag Einzel-/Gruppenarbeit Projektarbeit Arbeitsblätter 20–21
	6.3 Texte dagegen – Eine Lese- und Schreibwerkstatt		Projektarbeit Arbeitsblatt 22

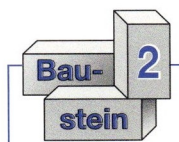

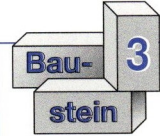

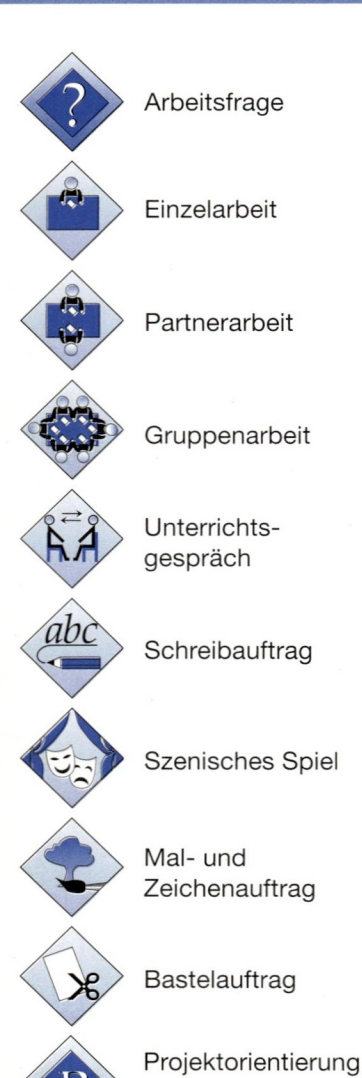

? Arbeitsfrage

Einzelarbeit

Partnerarbeit

Gruppenarbeit

Unterrichts-
gespräch

abc Schreibauftrag

Szenisches Spiel

Mal- und
Zeichenauftrag

Bastelauftrag

P Projektorientierung,
offenes
Unterrichtsangebot

Vorwort

Der vorliegende Band ist Teil einer Reihe, die Lehrerinnen und Lehrern erprobte und an den Bedürfnissen der Schulpraxis orientierte Unterrichtsmodelle zu ausgewählten Ganzschriften und weiteren relevanten Themen des Faches Deutsch bietet.

Im Mittelpunkt der Modelle stehen Bausteine, die jeweils thematische Schwerpunkte mit entsprechenden Untergliederungen beinhalten.

In übersichtlich gestalteter Form erhält der Benutzer/die Benutzerin zunächst einen Überblick zu den im Modell ausführlich behandelten Bausteinen.

Es folgen:

- Hinweise zu den Handlungsträgern
- Zusammenfassung des Inhalts und der Handlungsstruktur
- Vorüberlegungen zum Einsatz des Buches im Unterricht
- Hinweise zur Konzeption des Modells
- Ausführliche Darstellung der einzelnen Bausteine
- Zusatzmaterialien

Ein besonderes Merkmal der Unterrichtsmodelle ist die Praxisorientierung. Enthalten sind kopierfähige Arbeitsblätter, Vorschläge für Klassen- und Kursarbeiten, Tafelbilder, konkrete Arbeitsaufträge, Projektvorschläge. Handlungsorientierte Methoden sind in gleicher Weise berücksichtigt wie eher traditionelle Verfahren der Texterschließung und -bearbeitung.

Das Bausteinprinzip ermöglicht es dabei den Benutzern, Unterrichtsreihen in unterschiedlicher Weise und mit unterschiedlichen thematischen Akzentuierungen zu konzipieren: Auf diese Weise erleichtern die Modelle die Unterrichtsvorbereitung und tragen zu einer Entlastung der Benutzer bei.

Das vorliegende Modell bezieht sich auf folgende Textausgabe: Willi Fährmann: Es geschah im Nachbarhaus. Geschichte eines Verdachts und einer Freundschaft. Würzburg: Arena Verlag, 31. Aufl. 2002, Best.-Nr. 02500-7

© 2005 Bildungshaus Schulbuchverlage
Westermann Schroedel Diesterweg Schöningh Winklers GmbH
Braunschweig, Paderborn, Darmstadt

www.schoeningh-schulbuch.de
Schöningh Verlag, Jühenplatz 1– 3, 33098 Paderborn

Druck 5 4 3 / Jahr 2013 12 11
Die letzte Zahl bezeichnet das Jahr dieses Druckes.

Umschlaggestaltung: Jennifer Kirchhof
Druck und Bindung: westermann druck GmbH, Braunschweig

ISBN 978-3-14-022403-6

Inhaltsverzeichnis

„Das jedenfalls habe ich von Vater gehört und auch begriffen: Was heute euch geschehen ist, das kann sich morgen bei einem anderen wiederholen."

(Willi Fährmann, Es geschah im Nachbarhaus, S. 163)

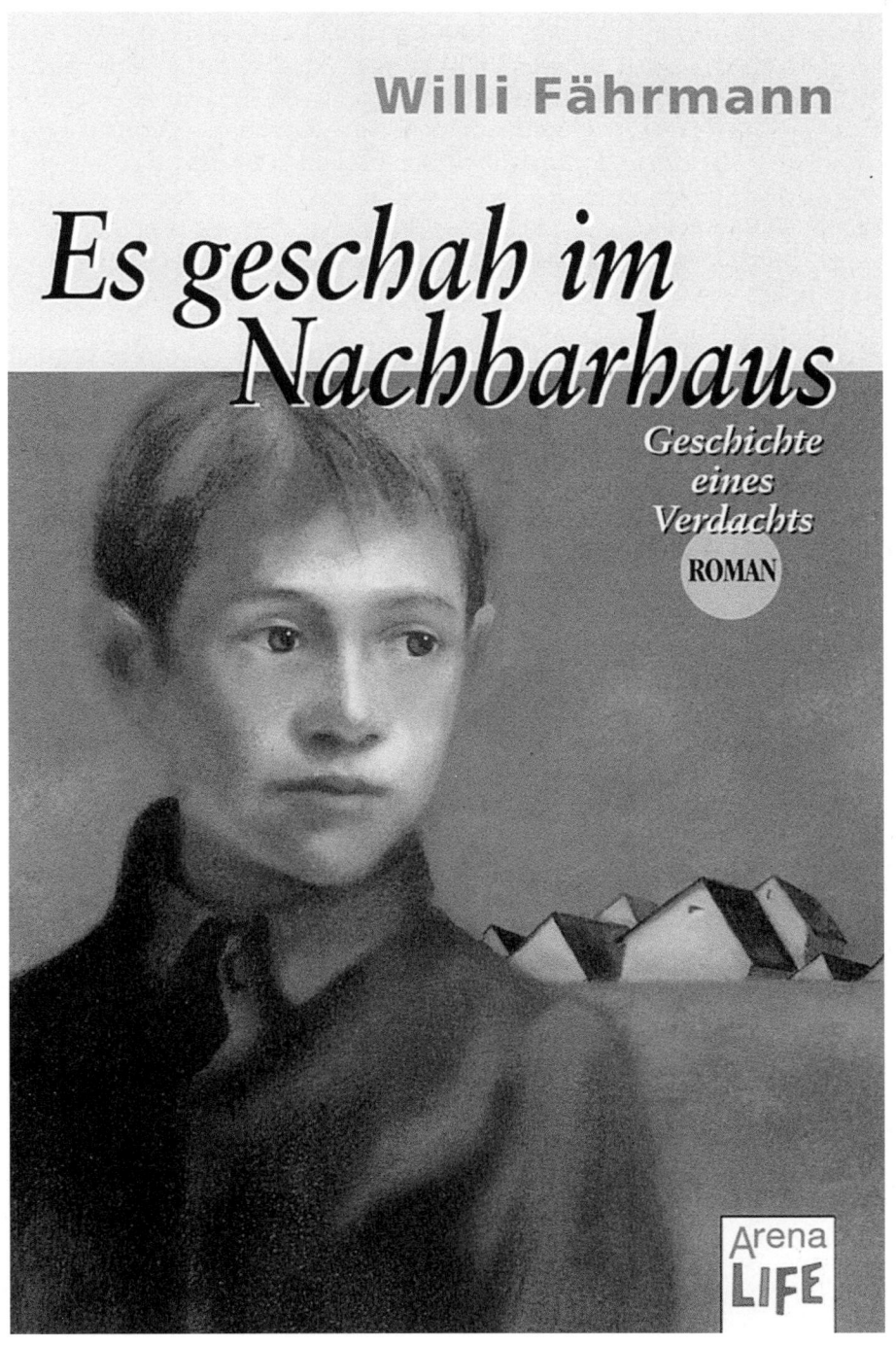

Personen

Sigi Waldhoff

wohnhaft in einer niederrheinischen Kleinstadt mit überwiegend katholischer Bevölkerung, ist Handlungsträger der Geschichte, der den Leser von Anfang bis Ende begleitet. Er übermittelt seinem Vater die Nachricht von der Ermordung des Nachbarjungen Jean Seller und lässt sich in der Schule für die Erzählung *seiner* Geschichte bezahlen. Doch schon bald erkennt er die Gefahr, die mit dem Ereignis verbunden ist, da sich die Umgebung der jüdischen Familie Waldhoff gegenüber immer feindseliger verhält. Einzig sein Freund Karl hält die ganze Zeit zu ihm, selbst als Sigi in der Schule „beurlaubt" wird, Fanatiker gewalttätig werden und man Sigis Vater als Mordverdächtigen verhaftet. Erst der Umzug der Waldhoffs, die in ihrer Heimatstadt keine Lebensmöglichkeit mehr sehen, schafft eine räumliche Distanz zwischen den beiden Freunden.

Bernhard Waldhoff

Sigis Vater, arbeitet als Viehhändler, Metzger und Steinmetz und nimmt aktiv am Leben der kleinen jüdischen Gemeinde teil. Er scheint in die örtliche Gesellschaft integriert zu sein und dennoch gerät er durch den Ritualmordvorwurf einzelner Mitbürger sofort in Verdacht. Bernhard Waldhoff kommt zweimal in Untersuchungshaft, wird angeklagt und schließlich „wegen erwiesener Unschuld" (S .173) freigesprochen. Und doch steht er am Ende vor den Scherben seiner Existenz.

Hannah Waldhoff

Sigis Mutter. Sie ist die Einzige aus der Familie, die sofort ein Gespür für die drohende Gefahr entwickelt, als sie erfährt, dass Jean Seller durch einen Kehlschnitt gestorben ist. Noch allzu gegenwärtig sind ihr die Erinnerungen an ähnliche Unterstellungen und Vorwürfe, unter denen ihr Vater bis zu seinem Tod hatte leiden müssen. Trotz aller Probleme bildet sie den Rückhalt der Familie. Nach dem Brandanschlag auf ihr Haus und der Verhaftung ihres Mannes feiert sie mit ihren Kindern noch einmal Sabbat und zieht dann mit ihnen – mit dem Nötigsten versehen – nach Neuss.

Ruth Waldhoff

die Tochter der Familie. Ruth ist mit Gerd Märzenich, dem christlichen Kupferschmied, liiert. Auch sie gerät in Verdacht, als Mittäterin in den Mordfall verwickelt zu sein. Auf dem Schützenfest, zu dem sie mit Gerd geht, erlebt sie antijüdische Pöbeleien und Gewalttätigkeiten. Ihre gemeinsame Zukunftsplanung mit Gerd findet in dem Moment ein jähes Ende, als dieser das Alibi, das er Bernhard Waldhoff gegeben hat, zurücknimmt, um mit den Nachbarn, die seine Schmiede boykottieren, wieder Geschäfte machen zu können.

Gerd Märzenich

Der gelernte Kupferschmied liebt Ruth und möchte sie heiraten, doch er gerät immer mehr in den Strudel der Ereignisse und der antijüdischen Hetzkampagne. Die massiven Beeinflussungen durch das gesellschaftliche Umfeld machen es Gerd unmöglich, sich zu seinen Gefühlen zu bekennen und – gegen alle Anfeindungen – den Waldhoffs den Rücken zu stärken.

Karl Ulpius

In einem liberalen, christlichen Elternhaus aufgewachsen, ist er der beste Freund von Sigi Waldhoff und steht ihm treu zur Seite. Im Lauf der Ereignisse fasst er den Entschluss, Lehrer zu werden: „Man ist vorher da, kann erklären, Fragen beantworten, helfen ..." (S. 125). Zusammen mit seinem Vater beteiligt sich Karl an den Löscharbeiten, als Fanatiker das Haus der Waldhoffs anzünden, und hilft der Familie beim nächtlichen Umzug. In seiner Familie findet Karl den moralischen Rückhalt, der ihn davor bewahrt, von Hass geblendet zu werden, und ihn dazu befähigt, zur Freundschaft mit Sigi zu stehen. Später muss sich Karl – inzwischen Lehrer – angesichts der Reichspogromnacht jedoch eingestehen, dass sein tatkräftiges Eintreten für die Wahrheit und sein Kampf gegen jede Art von Vorurteilen nur wenig Früchte getragen haben.

Herr Ulpius

Karls Vater ist einer der wenigen, die sich nicht dazu hinreißen lassen, die Waldhoffs zu isolieren und ihnen mit böswilligen Gerüchten zu schaden. Er versucht jugendliche Fanatiker davon abzuhalten, sich am Eigentum der Familie zu vergreifen (S. 56), und bemüht sich darum, gegen antijüdische Vorurteile zu intervenieren. Herr Ulpius verfolgt den Prozess gegen Bernhard Waldhoff in der Kreisstadt als Beobachter und unterstützt die Freundschaft zwischen seinem Sohn Karl und Sigi.

Herr Pfingsten

Als Vorsteher der kleinen jüdischen Gemeinde ruft Herr Pfingsten nach den schweren Beschuldigungen gegen die Familie Waldhoff und nach ersten Übergriffen die männlichen Juden über 13 Jahre zusammen und regt die Verpflichtung des berühmten Kriminalkommissars Hundt aus Berlin an, wofür er selbst einen großen Geldbetrag zur Verfügung stellt. Er ist ein Mann des Ausgleichs und spricht sich gegen jede Form von Gewalt aus.

Lehrer Coudenhoven u. Fräulein Duttmeier

Beide Lehrpersonen vertreten für die damalige Zeit sehr fortschrittliche Ansichten. Den Ausschluss Sigis aus der Volksschule auf der Grundlage bloßer Gerüchte halten sie für ungerecht und besonders Fräulein Duttmeier macht ihrem Ärger gegenüber dem Direktor Luft. Für Karl sind beide Pädagogen Vorbilder in ihrem Bemühen zu verhindern, dass „der Hass großgezüchtet wird" (S. 88), ihr Verhalten lässt in ihm den Berufswunsch des Lehrers reifen, um auch in diesem Sinne pädagogisch wirken zu können.

Inhalt

Wie bei vielen Werken Fährmanns, die ihren Ausgang von „seiner persönlichen Betroffenheit durch die geschichtlichen Vorgänge" (Fischer, S. 121) nehmen, wird auch im Jugendroman „Es geschah im Nachbarhaus" die wahre Begebenheit vom Xantener Knabenmord im Jahr 1891 zur „Keimzelle" der literarischen Gestaltung. „Jean Seller ist tot. Erstochen worden ist er. Er liegt in Schyffers' Scheune" (S. 6) – einem Paukenschlag gleich setzt diese Nachricht die Romanhandlung in Gang, die dann in 27 Kapiteln ihre inhaltliche Entfaltung erfährt. Und glaubt Sigi, der Sohn der Familie Waldhoff, zunächst noch ein Abenteuer zu erleben, so ahnt seine Mutter Hannah sofort, dass die Familie damit in Verbindung gebracht werden wird.

Erzählt wird die Geschichte von der Entstehung und Wirkung der Ritualmordlüge, vom Existenzkampf der jüdischen Familie Waldhoff im sturen Räderwerk antisemitischer Vor-Urteile und Vor-Verurteilungen, aber auch von der „unverbrüchlichen Freundschaft" (Fischer, S. 129) zwischen Sigi, dem Sohn der Familie Waldhoff, und Karl Ulpius, einem christlichen Jungen der kleinen Stadt.

Schon kurze Zeit nach der Tat fällt das erste Gerücht auf einen gefährlichen Nährboden, der sich vor den Waldhoffs aufgetan hat: „Der Mehlbaum streut aus, dass wir Juden das Blut von Christenkindern brauchen" (S. 12). Mit zunehmendem Verdacht, Bernhard Waldhoff habe den Mord begangen und seine Tochter Ruth die Leiche in einem Sack fortgeschleppt, gerät die Familie immer mehr in die gesellschaftliche Isolation: Der Viehhändler Waldhoff verliert seine Kundschaft, Ruths Liaison mit Gerd Märzenich geht in die Brüche, die antisemitischen Gerüchte führen zu sich steigernder Radikalität bei den Bewohnern und locken fremdenfeindliche „Elemente" von auswärts an, die nicht nur Sigi zusammenschlagen, sondern schließlich sogar das Haus der Waldhoffs anzünden. Zudem endet das alljährliche Schützenfest in antijüdischen Ausschreitungen.
Die kleine jüdische Gemeinde antwortet auf die Ereignisse mit der Sammlung von Geld für die Untersuchung des Falls durch Kriminalkommissar Hundt aus Berlin, die jedoch schließlich die Verhaftung Bernhard Waldhoffs mit sich bringt. Sigis einziger Freund in dieser schweren Zeit ist Karl Ulpius, der ihm auch dann noch tatkräftig zur Seite steht, als er Sigi nach dem Ausschluss aus der Schule jeden Nachmittag Unterricht erteilt. Da es an hilfsbereiten und vorurteilsfreien Menschen wie der Familie Ulpius in der kleinen Stadt mangelt und ihr Mann nach kurzer Freilassung wieder verhaftet wird, beschließt Hannah Waldhoff mit ihren Kindern nach Neuss zu ziehen. Nur anlässlich einer Ortsbesichtigung kehrt die Familie noch einmal zurück und findet ihr Haus geplündert und mutwillig zerstört. Obgleich ihnen die Gerüchte selbst bis an den neuen Aufenthaltsort gefolgt sind, zeigen sich die Waldhoffs auch nach der endgültigen Freilassung des Vaters entschlossen, nicht zurückzukommen: „Nein, Herr Ulpius, wir ziehen in eine andere, in eine große Stadt. Wir fangen von vorn an. Ganz von vorn" (S. 173).

Am Ende der Geschichte wird der Leichnam des Landstreichers Jan Maaris gefunden, der von Kommissar Hundt dringend verdächtigt worden war, den Mord begangen zu haben, sodass die Täterfrage letztlich offen bleibt.

Vorüberlegungen zum Einsatz des Buches im Unterricht

Bei dem Jugendbuch „Es geschah im Nachbarhaus" handelt es sich (auch) um einen historischen Roman, der ein Verbrechen, das die Bevölkerung am unteren Niederrhein in den Jahren 1891/1892 beschäftigte, aus der Perspektive der Familie des angeblichen Täters beleuchtet. Dabei geht es Fährmann – wie in allen seinen Büchern – nicht darum, einseitige Schuldzuweisungen auszusprechen und anzuklagen: „Das spiegelt sich in seinen Büchern wider, die niemals eine Schwarz-weiß-Zeichnung anbieten, ein Freund-Feind-Schema, sondern eine differenzierte Schilderung von Personen und Handlungen aufweisen [...]" (Arenaprospekt zu W. Fährmann). So präsentiert sich dem Leser die niederrheinische Kleinstadtgesellschaft mit ihren antisemitischen Vorurteilen in vielerlei Schattierungen: vom gewalttätigen Hetzer Mehlbaum über den egoistisch denkenden Gerd Märzenich bis zu den eigenständig urteilenden und handelnden Lehrern Coudenhoven und Duttmeier sowie besonders Vater und Sohn Ulpius. Auch die jüdische Gemeinde zeigt sich durch Männer wie den aufrichtigen Vorsteher Pfingsten auf der einen und den betrügerischen Viehhändler Sammy Deichsel auf der anderen Seite uneinheitlich.

Das Jugendbuch gliedert sich – linear-chronologisch erzählt – in 27 Kapitel und behandelt „die Geschichte einer Verfolgung, die sich über viele Stufen aufbaut" (Fischer, S. 178): von der Entdeckung des Mordes über die sich steigernden Verdächtigungen, von der Verhaftung bis zum Freispruch und letztlich dem Entschluss der „Verfolgten", in einer anderen Stadt noch einmal von vorne anzufangen. Dabei begnügt sich Fährmann keineswegs damit, die Kriminalgeschichte als solche zu beleuchten, denn „[e]s geht ihm nicht um die Aufklärung eines Mordes in einer Detektivgeschichte" (Fischer, S. 124). Vielmehr legt er den Schwerpunkt seiner Erzählung auf die bereits im Untertitel vermerkte „Geschichte eines gefährlichen Verdachtes und einer Freundschaft", d. h. auf den „besonderen Konflikt" (Fischer, S. 124), der sich aus dem „Ritualmordvorwurf gegenüber den Juden" (ebd., S. 124) ableitet, und auf die Verbundenheit zwischen Sigi Waldhoff und Karl Ulpius, die auf eine harte Probe gestellt wird und sich trotz aller Anfeindungen bewährt.

Gleichzeitig zeigt Fährmann auf, „wie bereits lange vor dem Nationalsozialismus jüdische Menschen zu Sündenböcken gemacht und verfolgt wurden. Die Hetzjagd auf eine jüdische Familie ist ein Beispiel für die jahrhundertelange Diskriminierung der Juden, die im Nationalsozialismus ihr furchtbarstes Ausmaß erreichte" (Proske/Schmitz, S. 67). Seine Fallstudie verdeutlicht, welchen verhängnisvollen Weg das Vorurteil nehmen kann, wenn es sich erst einmal so weit manifestiert hat, dass alle rationalen Erwägungen ausgeschaltet werden und die Menschen nur noch Marionetten ihrer emotionalen Empfindungen sind.

Die Figur des Karl Ulpius, der den Fanatismus der Menschen Ende des 19. Jahrhunderts mitbekommt, stellt die Verbindung zur Zeit des Nationalsozialismus her, den er 1938 als älterer Mann in der Reichspogromnacht und in den späteren Ereignissen von seiner schrecklichsten Seite kennen lernt. Angesichts der Tatsache, dass kaum ein Tag vergeht, an dem die Medien nicht über Verfolgung, Unterdrückung und Diskriminierung von Menschen berichten, ergibt sich die Notwendigkeit, Schüler und Schülerinnen dafür zu sensibilisieren, dass es sich bei Fährmanns Geschichte keineswegs um ein „exotisches" Problem handelt, bei dem unsere emotionale Distanz proportional zur zeitlichen Distanz wächst, sondern um eine historische Erscheinung, gerade auch des 20. Jahrhunderts.
Am Beispiel der Familie Waldhoff, die um ihre Existenz gebracht wird und ihre Heimat verlassen muss, ist emotionales und soziales Lernen in gleicher Weise möglich. Der Text bietet zum einen Identifikationsangebote, lässt aber auch in gleicher Weise Divergenzerfahrungen zu, indem er Schülern und Schülerinnen durch die historische Sichtweise hilft, ihr Leben als einen Bestandteil geschichtlicher Entwicklung zu begreifen, und so zu einer Erweiterung ihres „Erfahrungshorizontes" beiträgt.

Das Jugendbuch „Es geschah im Nachbarhaus" eignet sich in besonderer Weise zum *projektorientierten* Arbeiten in Verbindung mit den Fächern Religion und Geschichte und damit zur Aufarbeitung eines wichtigen Teils der deutschen bzw. europäischen Vergangenheit.

Bei Schülern und Schülerinnen der Jahrgangsstufe 7/8 ginge man sicherlich von unrealistischen Voraussetzungen aus, wollte man den Roman nach der häuslichen Lektüre als komplexes Gebilde in den Blick nehmen (was in der Jahrgangsstufe 9/10 durchaus möglich wäre). Vielmehr sollten in der Besprechung – ganz im Sinne des „Entwicklungsromans" – zentrale Wegstationen der Hauptfiguren (Fährmann selbst spricht hier von „Verlaufsinseln", vgl. Born, S. 21) skizziert und deren Bedeutung für die Entwicklung der Handlung erschlossen werden (vgl. **Bausteine 1 – 6**). Auch bieten sich Formen der Freiarbeit an, um ein möglichst breites Spektrum an Themen abzudecken und durch Zusatzmaterialien und alternative Arbeitsformen das Lese(r)interesse wach zu halten und die Eigenständigkeit im Umgang mit (literarischen) Texten zu fördern.

Fährmanns Buch ist keine „leichte Kost" angesichts stark veränderter schulischer Rahmenbedingungen. Für Unterrichtende des Faches Deutsch ist die permanente Gratwanderung zwischen Leselust und Lesefrust im Zeitalter medialer Überfrachtung fast schon zum Prüfstein ihres pädagogischen Geschicks geworden. Dieser Entwicklung versucht die Methodenvielfalt der einzelnen Bausteine in besonderer Weise Rechnung zu tragen, denn ein veränderter, nicht ausschließlich kognitiv ausgerichteter Umgang mit Büchern kann wieder Lust auf Mehr machen. Einige gangbare Wege dazu sollen hier aufgezeigt werden.

Mögliche Klassenarbeiten

Die Vorschläge knüpfen an Themen der einzelnen Bausteine an. Je nach Strukturierung der Unterrichtsreihe und Terminierung der Leistungsüberprüfung können die Aufgabenstellungen auch zur Erarbeitung der Bausteine herangezogen werden, ebenso wie es möglich ist, Aufgaben innerhalb der Bausteine zu Arbeitsthemen umzugestalten.
Die Vorschläge beziehen sich zum einen auf die herkömmliche Form der *Analysearbeit*, zum anderen aber auch auf *produktionsorientierte* Formen, die aber in einem ganz konkreten Zusammenhang mit dem Text stehen und ein genaues Arbeiten an und mit dem Text voraussetzen.

1. Fertige anhand ausgewählter Textbeispiele eine Charakterisierung von Herrn Ulpius an. Vergiss nicht, entsprechende Textstellen zu zitieren, die deine Sichtweise der Figur im Gesamtzusammenhang des Romans stützt.

2. Dein Brieffreund/deine Brieffreundin hat dir geschrieben, dass sie demnächst im Unterricht das Thema „Vorurteile" behandeln werden. Stelle in deinem Antwortschreiben das Jugendbuch „Es geschah im Nachbarhaus" vor und bewerte seine Eignung, als literarisches Beispiel zu diesem Thema im Unterricht besprochen zu werden.

3. „Sigi lag im ersten Schlaf, als Lärm und Gepolter ihn erschrocken wach werden ließen" (S. 82) – Lies noch einmal die Seite 82 bis zum Endes des Kapitels (S. 85) und untersuche, auf welche Weise Fährmann die unterschiedlichen Reaktionen auf die Gespanntheit der äußeren Lage inhaltlich und sprachlich „in Szene setzt" und welche Sichtweisen auf die handelnden Figuren er damit beim Leser hervorruft.

4. „ ... mit einem Male [war] die ‚Mordaffäre' wieder für dicke Balkenüberschriften gut" (S. 134) – Schreibe einen Zeitungsbericht nach der ersten „Entlassung" Waldhoffs, der die unterschiedlichen „Stimmungen" in Waldhoffs Heimatgemeinde widerspiegelt. Denke an eine treffende Headline und Unterzeile, aber auch an Interviewausschnitte, die deiner Berichterstattung Lebendigkeit und Authentizität verleihen.

5. „Ja, Sigi, hier oben sieht man Stadt und Menschen ganz anders. Der Küster sagt, die Leute hätten früher oft bei dem Glöckner Rat gesucht. Selten wäre einer ohne Trost wieder hinuntergestiegen" (S. 168) – Verfasse einen inneren Monolog Sigis, in dem du seine Ängste und Hoffnungen der letzten Tage und besonders seine Vorstellungen und Wünsche für die letzte Gerichtsverhandlung am folgenden Tag „hörbar" machst.

6. „Sigi ist jung. Er wird vielleicht mit den Jahren vergessen. Vielleicht wird er vergessen, weil es einen einzigen Jungen in der Stadt gegeben hat, der anders war als alle" (S. 173). – Viele Jahre nach den Ereignissen erzählt Sigi seinem ältesten Sohn von seinen Erlebnissen damals und bemüht sich dabei, die Rolle, die Karl für ihn gespielt hat, besonders hervorzuheben.

7. „Aus der zeitlichen Distanz ist das Erzählte als Paradigma (= Beispiel) der nationalsozialistischen Judenverfolgung und ähnlicher Geschehnisse der jüngsten Zeitgeschichte und der Zukunft zu verstehen". (Fischer, S. 130) – Teilst du diese Ansicht? Begründe deine Meinung vor dem Hintergrund deiner Romankenntnisse und beziehe Textstellen als Beleg in deine Überlegungen mit ein.

8. Willi Fährmann sagte einmal in einem Interview: „Ich schreibe, weil ich glaube, dass die Welt zum Guten hin geändert werden muss" – Setze dich mit dem Zitat begründet auseinander. Welche Rolle können Bücher bei der „Veränderung der Welt zum Guten" spielen? Welchen Beitrag kann ganz konkret Fährmanns Buch „Es geschah im Nachbarhaus" bei diesen Vorhaben leisten?

Konzeption des Unterrichtsmodells

„Ich schreibe, weil ich glaube, dass die Welt zum Guten hin geändert werden muss. Diese notwendige Veränderung darf nicht über Leiden, über Revolution gehen. Entweder muss sich die Welt zum Guten hin bewegen durch die Veränderung vieler einzelner Menschen, oder sie wird sich nicht zum Guten verändern" (echter, Autorenportrait, Willi Fährmann). Diesem klaren Anliegen folgt Fährmann auch in seinem Werk „Es geschah im Nachbarhaus", das bereits 1968 in Erstfassung erschien. Allerdings wird gerade in dem vorliegenden Jugendroman deutlich, dass die vom Autor angestrebte Veränderung der „Welt zum Guten hin […] durch die Veränderung vieler einzelner Menschen" mit großen Schwierigkeiten verbunden ist. So muss am Ende des Romans Karl Ulpius – trotz seines eigenen großen Einsatzes für Verständigung und seines Plädoyers gegen Vorurteile und Antisemitismus – miterleben, dass die Jahre keine Veränderung mit sich gebracht haben und die Geschehnisse im Jahre 1938 den Anfang noch schlimmerer Gräueltaten markieren. Umso mehr muss dieses Werk als Aufforderung verstanden werden, „ein Bewusstsein dafür zu entwickeln, dass die schlimmen Katastrophen des 20. Jahrhunderts, die Kriege und Vertreibungen, Unterdrückung und Vernichtung, nicht mehr geschehen dürfen" (Fischer, S. 121).

Das vorliegende Modell legt einen inhaltlichen Schwerpunkt auf Entstehung, Ausbreitung sowie Wirkung von Vorurteilen vor dem Hintergrund der Modellhaftigkeit der Fabel, die dem Leser „gesellschaftliche Grundphänomene" erschließt. In methodischer Hinsicht trägt es in besonderem Maße rezeptionspragmatischen Gesichtspunkten Rechnung, die darauf abzielen, den dialogischen Charakter eines literarischen Werkes ernst zu nehmen und durch entsprechende Formen produktiver Rezeptionshandlungen die Rolle des Subjekts im Rezeptionsprozess zu stärken, ohne jedoch den „objektiv-analytischen Zugang" zugunsten des „individuell-kongenialen" (Müller-Michaels, Deutschkurse, S. 27) zu vernachlässigen. Als **Bausteine** haben die folgenden Themengebiete zur Erschließung des Romans nur Vorschlagscharakter und beschreiben einzelne – durchaus autonome – Unterrichtseinheiten. Für die Unterrichtsvorbereitungen bleibt es den Unterrichtenden unbenommen, die einzelnen Aspekte unterschiedlich zu gewichten, auszuwählen und die Themen und methodischen Entscheidungen aufzugreifen, die angesichts des Entwicklungsstandes der Lerngruppe und der unterrichtsorganisatorischen Voraussetzungen realisierbar erscheinen.

Baustein 1 dient der Einführung in die Unterrichtsreihe und damit zugleich in den Handlungs*zusammenhang* des Buches, mit dem Ziel, bei den Schülern und Schülerinnen eine Fragehaltung zu wecken, sie auf das Thema einzustimmen und die historische „Ferne" des Geschehens ebenso aufleuchten zu lassen wie die partielle „Nähe" menschlicher Verhaltensmuster, die im Handlungsverlauf entfaltet werden. Zu dieser Phase der Applikation tritt die Ebene der Explikation in Form der Untersuchung der ersten drei Kapitel als Handlungs*exposition* hinzu, bei der die Schüler und Schülerinnen zentrale Figuren näher kennen lernen und sich mit der Ausgangssituation, dem Mord an Jean Seller, vertraut machen.

Baustein 2 fokussiert auf die Vorurteile der Bevölkerung den Juden gegenüber sowie auf die daraus resultierenden Gerüchte und ihre Folgen. Besondere Bedeutung kommt in diesem Zusammenhang dem „Ritualmordvorwurf" als dem „Kernmotiv" (Fischer, S. 129) zu, einem Vorwurf, der „seit Jahrhunderten zum Repertoire von Antisemiten aller Richtungen zählt" (Fischer, S. 129). Es wird deutlich zu machen sein, dass einerseits mangelndes Wissen über jüdisches Leben und jüdischen Glauben eine wichtige Rolle spielt, andererseits aber auch das Bestreben, eine Minderheit als „Sündenbock" für alles verantwortlich zu machen, was der Dorfgemeinschaft an Negativem widerfährt. Inhaltlich wird es vorrangig darum gehen, die Familie Waldhoff im Spiegel der „Fremdbilder", zu beleuchten und dabei ein Licht zu werfen auf die nachbarschaftlichen Strukturen und Charaktermerkmale der Mitbürger sowie auf die Stabilität als ein zentrales Merkmal von Vorurteilen. Methodisch steht dabei nicht nur die Schulung analytischer Fertigkeiten im Mittelpunkt der unterrichtlichen Arbeit, sondern auch die Erprobung kreativer Auseinandersetzung mit der Textvorgabe.

In Form eines Exkurses können sich die Schüler und Schülerinnen in **Baustein 3** mit dem Fremden jüdischer Religionsausübung vertraut machen und Grundkenntnisse über das Judentum als „die etwas andere Religion" erwerben. Nicht selten wird in der Begegnung und Auseinandersetzung mit fremden Kulturen und Religionen durch Halbwahrheiten und Scheinlogik ein Netz aus Vor-Urteilen geschaffen, das zur Verurteilung führt, bei genauer Hinterfragung aber wie ein Kartenhaus zusammenbrechen muss. Durch den Vergleich mit wichtigen Regeln und Gebräuchen, denen sich gläubige Juden zu unterwerfen haben, erkennen die Schüler und Schülerinnen die Haltlosigkeit der Unterstellungen, die im Widerspruch zur gelebten Wirklichkeit in einer jüdischen Gemeinde stehen und damit bereits die Grundannahmen der antisemitischen Hetzkampagne ad absurdum führen.

Baustein 4 rückt die Liebesbeziehung von Ruth Waldhoff und Gerd Märzenich in den Mittelpunkt des Lese(r)interesses – eine Liebe, die so hoffnungsvoll beginnt und schließlich durch den Verdacht und die Anfeindungen gegenüber der Familie Waldhoff scheitert. In der Person Gerd Märzenichs als Mitglied der christlichen Glaubensgemeinschaft offenbart sich den Schülern und Schülerinnen das Dilemma der persönlichen Betroffenheit in seiner besonders tragischen Auswirkung, indem Gerd die Entscheidung trifft, sich maßgeblich an dem Verhalten seiner „Gruppe" zu orientieren und deren Vorstellungen und Meinungen zu seinen eigenen zu machen. Hier geht es auch um die Frage von Kollektivschuld und Gruppenversagen, das immer zurückgeht auf die Gedankenlosigkeit und fehlende Zivilcourage des Individuums.

Demgegenüber nimmt **Baustein 5** das Besondere der Freundschaft zwischen Karl Ulpius und Sigi Waldhoff in den Blick, die vom Autor in bewusstem Kontrast zur Figurenkonstellation von Ruth und Gerd gestaltet wird, um den Schülern und Schülerinnen für die Möglichkeiten im Umgang mit unseren Mitmenschen einen glaubhaften Gegenentwurf anzubieten. Diese Freundschaft steht sinnbildlich für Zivilcourage, Toleranz und Mut, sich im Kleinen zu widersetzen und seinen ganz persönlichen Beitrag zur religiösen Verständigung zu leisten. Das zeigt sich auch darin, dass Karl – über die Erfahrungen seiner Jugendzeit hinaus – seine Lebens- und Berufsplanung mit dem Schicksal seines Freundes verbindet.

Das schriftstellerische Anliegen Fährmanns ist es, seine Leser durch das Erzählen von „Geschichten" zu eigenständigem und verantwortlichem Handeln zu ermutigen, und **Baustein 6** will den Schülern und Schülerinnen diese besondere Aufgabe von Literatur nochmals eindringlich bewusst machen. Literarisches Lernen bedeutet nicht nur Wissensvermittlung im Sinne einer „Nachahmung philologischer Literaturinterpretation" (Müller-Michaels, Deutschkurs, S. 23), sondern eine Beschäftigung mit „Geschichten", durch die „der fremde historische Gegenstand seine Bedeutung für das Subjekt gewinnt, indem es seinen Denkhorizont erweitert" (ebd., S. 25) und Raum schafft für eigenes Urteilen und Handeln.

Die thematischen Bausteine des Unterrichtsmodells

Bau-stein 1 *Annäherungen ...*

1.1 ☐ Gesprächsanlässe: Was der Text mir zu sagen hat und was ich dem Text zu sagen habe

Fährmanns Buch „Es geschah im Nachbarhaus" eröffnet durch die historische Einbettung und die religiös gefärbte Handlungsmotivation unseren Schülern und Schülerinnen (zumindest vordergründig) eher Divergenz- als Identifikationsangebote.

Gleichwohl nimmt auch eine solche Form der Rezeption ihren Ausgangspunkt in der „Kommentierung des Textes aus dem eigenen Verstehenshorizont" (Müller-Michaels, Literatur im Alltag und Unterricht, S. 20) des Rezipienten. Und eben diese Rezipientenrolle gilt es im Umgang mit literarischen Texten zu stärken.

Vor diesem Hintergrund gilt es, ein Verfahren auszuwählen, das es den Schülern und Schülerinnen erlaubt, ohne einengende Beobachtungsaufgabe(n) durch den Lehrer mit dem Text in einen Dialog einzutreten. Mithilfe eines **Lesetagebuches** können sie sich in hohem Maße selbstständig mit dem Thema des Romans auseinander setzen.

So geht es etwa darum, sich der Kapitelinhalte zu vergewissern, zentrale Textpassagen zu notieren, Personen und ihre Handlungsweisen zu beurteilen, Handlungsalternativen aufzuzeigen, sich aber auch „Lesewiderstände" bewusst zu machen, Fragen zu artikulieren und eigene Beurteilungen zu begründen. Die eigenständige Entscheidung über die Gestaltung des Tagebuches gibt den Schülern die Möglichkeit, entsprechend ihren individuellen – auch kreativen – Fähigkeiten und Fertigkeiten zu arbeiten.

Ist die Lerngruppe mit dieser Methode rezeptionsorientierter Auseinandersetzung mit einem (literarischen) Text noch nicht vertraut, können entsprechende Arbeitshinweise und Methodenvorschläge als Hilfestellung dienen (vgl. **Arbeitsblatt 1**, S. 22).

Die „Öffnung" der Lesetagebücher innerhalb der Gruppe zu Beginn der Unterrichtsreihe wird viele Gespräche der Teilnehmer untereinander initiieren. Dabei ist wichtig, dass die einzelnen Beiträge nicht als gut oder schlecht im Sinne von richtig oder falsch zu bewerten sind, denn das widerspräche der Forderung nach der Konfession des Deutenden und dem Bemühen, etwas von der Unabgeschlossenheit literarischer Werke zu vermitteln, die in der Freiheit zur Entdeckung von vielfältigen Zugängen und Verknüpfungen mit eigenen Anschauungen zum Ausdruck kommt. Dass niemand über das Maß der freiwilligen Beiträge hinaus zu weiteren Stellungnahmen und „Bekenntnissen" gezwungen werden darf, ist selbstverständlich. Um die erste Annäherung zwischen Leser und Text für den weiteren Unterrichtsverlauf präsent zu haben und zugleich zentrale Problemfelder der Lektüre als Strukturierungs- und Orientierungshilfe für die weitere Arbeit zu erschließen, ist es durchaus sinnvoll, Aspekte aus den Lesetagebüchern in einer Tafelskizze oder auf einer Folie thematisch zu bündeln.

Neben dem Lesetagebuch wäre auch die **Kartenabfrage** als (weniger aufwändige) Form des „Erstzugangs" denkbar. Dazu erhalten die Schüler und Schülerinnen vorbereitete (evtl. mehrfarbige) Karten mit entsprechenden Arbeitsaufträgen, die es ermöglichen, sowohl Identifikations- als auch Divergenzerfahrungen zu artikulieren (vgl. **Arbeitsblatt 2**, S. 23). Im anschließenden Rundgespräch sind Wiederholungen bei Wortbeiträgen als Aufweis kon-

vergierender Leseerfahrungen durchaus wünschenswert. Die Karten können anschließend – nach inhaltlichen Kriterien sortiert – etwa in Form einer Wandtapete im Klassenraum angebracht und als Folie für die weitere Textarbeit nutzbar gemacht werden.

Erwähnung finden sollte noch die *„Fünf-Begriffe-Methode"* als eine Form des Austausches zunächst in Kleingruppen, die dann später im Plenum fortgesetzt werden kann.

1. Die Schüler/Schülerinnen finden sich in Kleingruppen zusammen, jedes Gruppenmitglied erhält 5 Karteikärtchen.

2. Jeder/e notiert für sich (ohne Gespräch mit den anderen Gruppenmitgliedern) fünf Begriffe, die ihm/ihr aus der Lektüre in Erinnerung geblieben sind.

3. Die Gruppenmitglieder tauschen sich untereinander über „ihre" Begriffe aus und einigen sich innerhalb der Gruppe auf fünf Begriffe, die wieder auf Karten notiert werden.

4. Die einzelnen Gruppen stellen ihre Begriffskarten im Plenum vor und sortieren sie (z. B. an einer Pinnwand) nach Themenbereichen („Grobgerüst" der Leseerfahrungen).

Die einzelnen Arbeitsschritte sollten für alle Schüler und Schülerinnen auf Folie gut sichtbar – möglichst schrittweise – präsentiert werden, um die Konzentration auf den Ablauf nicht zu stören.

1.2 ☐ Ein Junge in seinem „Element" – Die erste Begegnung mit Sigi Waldhoff

„Umso begehrenswerter war das, was Sigi wusste... " (S. 10) – Die ersten Seiten führen den Leser in die Handlung ein und konfrontieren ihn sofort mit einem schrecklichen Verbrechen, der Ermordung des kleinen Jean Seller („Jean Seller ist tot. Erstochen worden ist er", S. 6). In diesem Zusammenhang findet auch die erste Begegnung mit Sigi Waldhoff, einem der Handlungsträger, statt, der sich mit seinem Wissen um das Ereignis – er ist es, der den Männern des Dorfes die Nachricht überbringt (vgl. S. 5f.) – sehr wichtig nimmt und seine frisch aufgeschnappten Informationen überall und zunehmend ausführlicher verbreitet. In der Alltäglichkeit seines Verhaltens, in seinem Erzähldrang und seinem Gefallen daran, im Mittelpunkt der Aufmerksamkeit zu stehen („Die Kinder scharten sich in den Pausen immer wieder um Hermine Schyffers und Sigi Waldhoff", S. 10), bietet sich Sigi schon gleich zu Beginn des Romans als (etwa gleichaltrige) Identifikationsfigur an und kann in besonderem Maße das Interesse der jugendlichen Leser wecken. Diese Chance gilt es unter motivationalen Gesichtspunkten in der ersten explikativen Phase der gemeinsamen Textarbeit zu nutzen.

☐ *Lies noch einmal die Seiten 5 („Der Junge saß auf der Treppenstufe") bis 11 („Von da an schwieg auch Sigi") und markiere die zentralen Textaussagen, anhand derer du dir ein erstes Bild von Sigi machen kannst.*

Im Zentrum der ersten Begegnung steht außer Frage die „Gier nach seiner Geschichte" (S. 11), die dem Leser besonders im Gedächtnis bleibt und bei Sigis Schulfreunden (ebenso wie beim Leser selbst) kindliche Neugier bezeugt gegenüber allem, was „ihrer Fantasie freien Lauf" (S. 10) lässt. Sigis Verhalten, seinen „Bericht von Mal zu Mal farbiger" (S. 11) zu gestalten, ist dabei nicht nur Ausdruck kindlicher Fabulierkunst, sondern ebenso der Versuch, das Interesse der anderen Kinder auf die eigene Person zu lenken und die eigene Rolle innerhalb der Gruppe zu festigen. Die Anerkennung, die er im Gefüge der Schulgemeinschaft erfährt, spiegelt sich in den „Bezahlungen" für seine Geschichte(n), die Sigi im Wissen um seine Position als der, „der als einer der ersten die Nachricht vernommen hatte und der in unmittelbarer Nachbarschaft der Fruchtscheune wohnte, in der Nora den kleinen Jean gefunden hatte" (S. 10), einfordert, bis diese Unart durch Lehrer Coudenhoven ihren „unrühmlichen Abschluss" (S. 11) erfährt: „Von da an schwieg auch Sigi" (S. 11).

Die Ergebnisse können als Tafel- oder Folienbild festgehalten werden. Das Medium Folie bietet den Vorteil einer besseren Verfügbarkeit, sodass in jeder Phase des Unterrichtsvorhabens Vergleichsaspekte leicht und ohne großen Zeitverlust herausgearbeitet werden können. Interessant und für die gestalterische Kreativität der Schüler und Schülerinnen sicher Gewinn bringend wäre die Aufgabe, die Figur Sigis etwa auf einer Tapetenrolle lebensgroß darzustellen (das Cover des Buches kann hier Hilfestellung geben) und wichtige Persönlichkeitsmerkmale und Verhaltensweisen auf Karteikarten anzuheften. Dabei können verschiedenfarbige Karten den einzelnen Zeitabschnitten der Handlung zugeordnet werden, um Veränderungen und Entwicklungen Sigis anschaulich werden zu lassen.

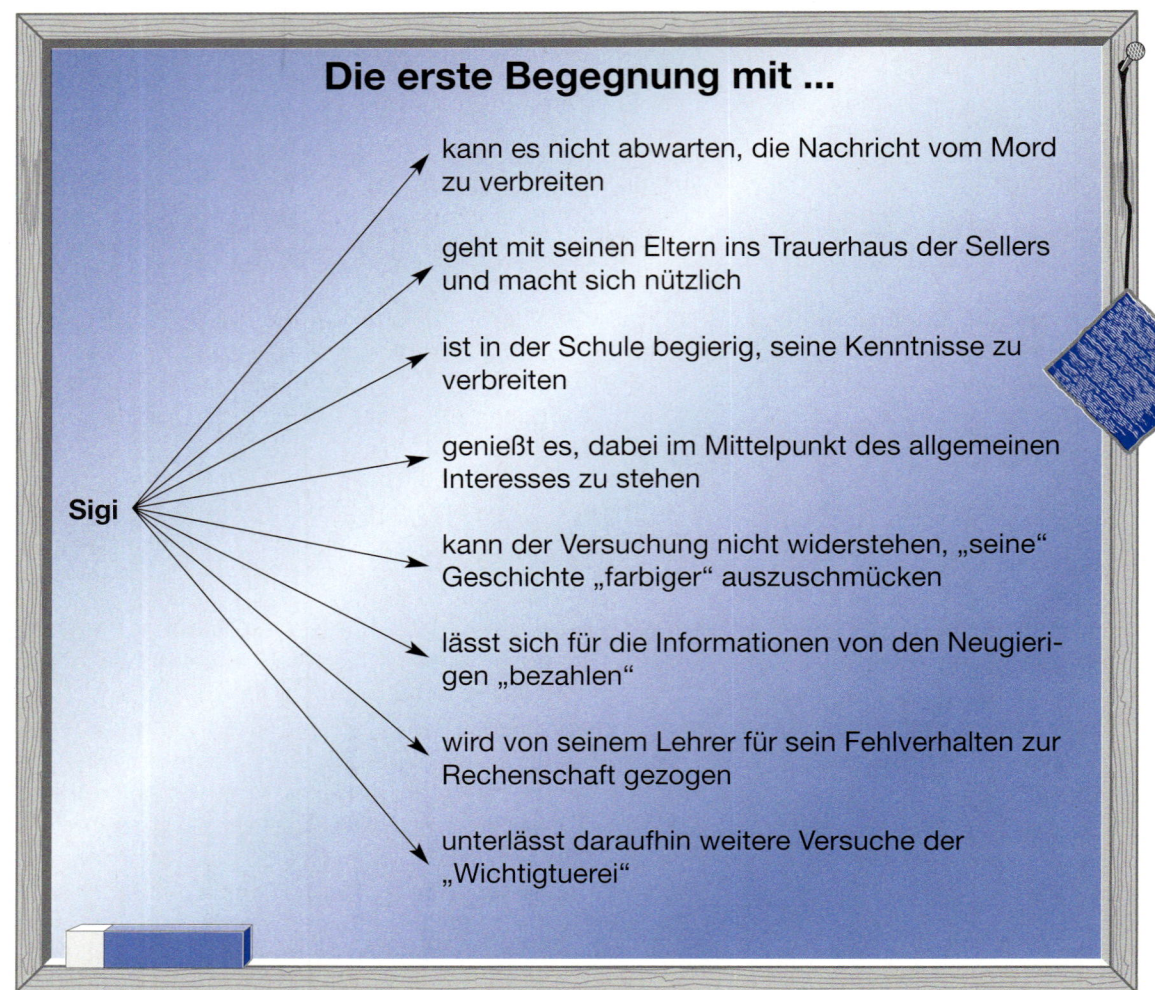

Die erste Begegnung mit ...

Sigi

- kann es nicht abwarten, die Nachricht vom Mord zu verbreiten
- geht mit seinen Eltern ins Trauerhaus der Sellers und macht sich nützlich
- ist in der Schule begierig, seine Kenntnisse zu verbreiten
- genießt es, dabei im Mittelpunkt des allgemeinen Interesses zu stehen
- kann der Versuchung nicht widerstehen, „seine" Geschichte „farbiger" auszuschmücken
- lässt sich für die Informationen von den Neugierigen „bezahlen"
- wird von seinem Lehrer für sein Fehlverhalten zur Rechenschaft gezogen
- unterlässt daraufhin weitere Versuche der „Wichtigtuerei"

1.3 ☐ Die Last der Vergangenheit als Menetekel für die Gegenwart

„Aber das ist ja lange, lange her. So etwas kommt sicher nie wieder" (S. 17) – Nicht nur mit der Hauptfigur, Sigi Waldhoff, macht Fährmann seine jugendlichen Leser zu Beginn des Romans vertraut, sondern ebenso mit den Lebensumständen der Familie. Sehr behutsam führt er dabei in den *zeitgeschichtlichen Kontext* ein, wenn er Sigi im Gespräch mit seinem Freund Karl über die Besonderheit des jüdischen Glaubens erzählen lässt und zugleich in den Rückerinnerungen seiner Eltern traumatische Erlebnisse vergangener Zeiten wieder heraufbeschwört.

☐ *„Ich glaube, es gibt ein Gewitter. Es brummelt schon in der Luft" (S. 14)* – Das sich ankündigende Gewitter offenbart durchaus mehr als nur das Herannahen einer Schlechtwetterfront, symbolisch steht es gleichsam für das, was sich über den Köpfen der Familie Waldhoff zusammenbraut.
Lies noch einmal besonders aufmerksam die Seiten 6 („Dann fragte Frau Waldhoff: „Mehr weiß man nicht?") bis 20 („... als Waldhoff endlich einen Strich unter all die Zeiten und

Zeugen machte") und halte fest, wie Vater und Mutter Waldhoff auf die Nachricht vom
Tode Jean Sellers reagieren.

„Hoffentlich hängen sie uns das nicht an" (S. 7), orakelt Frau Waldhoff angesichts der Tatsache, dass man den toten Jungen mit durchschnittener Kehle gefunden hat. Diese Pa-
rallele zum „Schächterschnitt" (S. 14) – einer religiösen Vorschrift der Juden zum Schlach-
ten von Tieren – bietet dem Gerede und der üblen Nachrede im Dorf rasch Nahrung: „Der
Mehlbaum streut aus, dass die Juden das Blut von Christenkindern brauchen" (S. 12). Instinktiv erahnt Frau Waldhoff die heraufziehende Gefahr, als sie ihren Mann daran hindert,
mit den anderen Männern des Dorfes den Tatort zu besichtigen („Waldhoff wollte Franz
Nigge in den Pfortenweg folgen, doch seine Frau hielt ihn zurück", S. 7). Und diese Geste
ist weitaus mehr als nur Ausdruck einer aufkeimenden, unerklärlichen Ängstlichkeit, sie ist
Ausdruck einer tief in der eigenen Lebensgeschichte verwurzelten (Todes-) Angst: „Da wusste Waldhoff, was sie meinte. Es traf ihn wie ein Keulenschlag. Mit einem Mal fiel ihm die
Geschichte seines Schwiegervaters ein, der des Kindesmordes bezichtigt worden war. Ob-
wohl er zur Zeit der Tat gar nicht am Ort gewesen war, lief ihm das Gerede nach bis in sein
Grab" (S. 7).

Noch versucht Sigis Vater abzuwiegeln und sich selbst zu beruhigen: „Irrsinn [...] Kein Ding
geschieht zweimal" (S. 9), seine innere Aufgewühltheit aber spricht eine andere Sprache: „[I]n
seinem Herzen zitterte Furcht vor dem neuen Tag" (S. 9). Und dass diese Furcht alles andere als unbegründet ist, zeigt das Erscheinen des Bürgermeisters zum Verhör, der von ersten
antijüdischen Gerüchten erzählt: „Überlegen Sie genau, wie Sie den gestrigen Tag verbracht
haben, und schreiben Sie es auf. Sie wissen ja, wie leicht einer ins schiefe Licht geraten kann"
(S. 12) – allzu leicht, wie sich später herausstellt. Die Lawine der „alte[n], schaurige[n] Lüge[n]"
(S. 13) ist bereits in Gang gesetzt, „Mehlbaum macht mit seinem dummen Gerede die Leute
wild" (S. 12) und Vater Waldhoff bleibt am Ende kaum mehr als die Einsicht in das Unver-
meidliche: „Sigi, es kann sein, dass für uns schwere Tage kommen" (S. 19).

Die Reaktion der Waldhoffs auf den Mord
an Jean Seller

Herr Waldhoff	**Frau Waldhoff**
• geht wie die anderen Männer des Dorfes sofort nach Hause	• ist wie gelähmt von der Nachricht
• versucht nähere Informationen einzuholen	• hält ihren Mann von der Besichtigung des Leichenfundortes ab
• will den Fundort der Leiche besichtigen, unterlässt es dann aber	• bei der Nachricht von der durchschnittenen Kehle überkommt sie eine Schwäche
• denkt plötzlich an das Schicksal des Schwiegervaters	• hat Angst vor den möglichen Folgen
• wird von einer inneren Unruhe befallen	• drängt auf einen Besuch bei den Sellers, um Trost zu spenden und Hilfe anzubieten
• erkundigt sich bei seiner Frau nach den Einzelheiten der Ereignisse damals	• erzählt die Geschichte ihres Vaters
• macht sich aufgrund von Andeutungen des Bürgermeisters Notizen zur „Entlastung"	

Zukunftsangst

1.4 ☐ Das Schicksal der Waldhoffs in Voraus-deutung

„Arglos übersah er die ersten Zeichen der Mauern, die rings um ihn emporwuchsen" (S. 21) – Die ersten drei Kapitel des Romans erfüllen durchaus die Funktion einer „Exposition". Diesen funktionalen Zusammenhang zwischen Stellung der Kapitel im Gesamtgefüge der Handlung und ihren Inhaltsaspekten sollen sich die Schüler und Schülerinnen möglichst selbstständig erarbeiten.

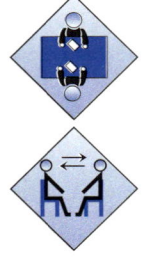

☐ *Informiere dich in einem Lexikon oder einem Handbuch zu literarischen Grundbegriffen über den Begriff „Exposition" und untersuche, inwieweit man bei den ersten drei Kapiteln des Jugendbuches (S. 5–21) von einer Exposition sprechen kann.*

Alternativ dazu können auch in einem kurzen Lehrervortrag wichtige Aspekte einer Exposition genannt und an der Tafel festgehalten werden. Anschließend erfolgt die Übertragung auf den Romanauszug durch die Schüler und Schülerinnen.

Exposition

Funktionen	Kapitel 1–3
1. Informationen über den zeitlichen und örtlichen Handlungsrahmen	Handlungsort: eine kleine Stadt am Niederrhein Zeit: Ende des 19. Jahrhunderts Ausgangssituation: Ermordung von Jean Seller
2. Einführung in die wichtigsten Handlungsträger	erste Informationen über die Familie Waldhoff, besonders über den Sohn Sigi als eine der Hauptfiguren, erste Begegnung auch mit Karl Ulpius, Sigis Freund, als einem weiteren Handlungsträger, Hinweise auf nachbarschaftliche Beziehungen
3. Einblicke in die gesellschaftlichen Verhältnisse	kleinbürgerliche Lebensweise, Dorfgemeinschaft, das Leben einer kleinen jüdischen Gemeinde im Umfeld christlicher Familien offenbar funktionierende nachbarschaftliche Kontakte
4. Anbahnung möglicher Konflikte	durch den Mord an Jean Seller Aufkeimen von Gerüchten und Verbreitung antijüdischer Vorurteile, konkrete Angst vor Schuldzuweisungen und Übergriffen auf Seiten der Waldhoffs

„Arglos übersah er die ersten Zeichen [...]" (S. 21) heißt es am Ende des dritten Kapitels über Sigi Waldhoff – Zeichen, die schließlich einmünden in „[e]in wahres Kesseltreiben [...], bei dem selbst die Gutwilligen aus Feigheit schweigend zusehen" (Klappentext). Und diese „Vorboten" des kommenden Unheils gilt es in einem vertiefenden Zugriff (nach Kenntnis des gesamten Romans) auf die einführenden Kapitel der Erzählhandlung herauszuarbeiten, um die Schüler und Schülerinnen für solche Formen der Vorausdeutungen und Textzusammenhänge zu sensibilisieren.

❒ *Du bist durch die Lektüre des Buches über den Handlungsverlauf und seinen Ausgang informiert. Du hast Kapitel für Kapitel das Schicksal der Familie Waldhoff verfolgt: Gehe nun noch einmal zum Beginn der Handlung und stelle heraus, welche Textsignale im Sinne von Vorausdeutungen bereits hier auf die weitere Entwicklung verweisen.*

Erst der sture Gang, mit dem sich die Welle der Ablehnung und Diskriminierung gegen die Familie Waldhoff Bahn bricht, wirft ein erklärendes Licht auf zahlreiche – unterschwellige – Verhaltensweisen und Äußerungen, die der Leser in der ganzen Tragweite ihrer Bedeutung erst im Nachhinein zu entschlüsseln vermag.

Obwohl Sigi seinem Freund Karl und dessen Überzeugung „[s]o etwas kommt nie wieder" (S. 17) mit der skeptischen Frage „[w]er weiß das?" (S. 17) begegnet, kann er dennoch die Angst seiner Eltern sowie das merkwürdige Verhalten einiger Klassenkameraden („Sie verstummten, als er näher kam", S. 20) nicht richtig einschätzen. Zwar wird ihm „recht bange" (S. 20), als er seinen Vater auf Geheiß des Bürgermeisters seinen „Rechenschaftsbericht" für den Mordtag schreiben sieht, dennoch übersieht er die kleinen Hinweise auf die bedrohliche Situation. Für ihn „leben eben anständige Leute" (S. 13) in seinem Dorf, von der Loyalität der Gemeinschaft ist er überzeugt: „Hier kennen uns doch alle. Keiner wird uns einen Mord zutrauen" (S. 13). Aber genau das erweist sich als Trugschluss.

Notizen

_____

_____

_____

_____

_____

_____

_____

_____

_____

_____

_____

_____

_____

_____

_____

_____

_____

_____

_____

Hinweise zum Lesejournal

Was ist ein Lesejournal?

Das Lesejournal führst du wie ein Tagebuch, in dem du Ideen, Gedanken, Fragen zu einem Text notierst.

Deine Leseeindrücke kannst du auch in einer Skizze oder einer Zeichnung festhalten. Zusätzlich pas-
5 sende Bilder oder Texte, z. B. aus Zeitschriften, Fotos (und anderes) kannst du jeweils einkleben: Es steht dir frei, wie du dein Lesejournal gestaltest. Die Eintragungen sollen zu dir und den gelesenen Texten passen.

Das Lesejournal führst du vor allem für dich selber; deine Lehrerin oder dein Lehrer sollen aber auch darin lesen können.

10 – Mir gefällt, wie der Autor/die Autorin schreibt, weil ... (Seitenzahlen einer besonders guten Textstelle angeben) oder:

– Mir gefällt nicht, wie der Autor/die Autorin schreibt, weil ... (Seitenzahlen einer besonders ärgerlichen Textstelle angeben)

[...]

15 **Wozu führst du das Lesejournal?**

Während der Eintragung kannst du über eine Geschichte, eine Buchfigur, ein Problem nachdenken und deine eigenen Vorstellungen und Fantasien ausgestalten.

Hinterher, wenn du Verschiedenes gelesen hast, kannst du dich mithilfe der Eintragungen besser an die einzelnen Texte erinnern.

20 Deine Lehrerin oder dein Lehrer können Einsicht nehmen und erfahren, was du gelesen und gearbeitet hast.

Wie führst du das Lesejournal?

[...]

Hier ein paar Fragen, auf die du antworten kannst:

25 Worum geht es in diesem Text?

Was spricht mich an? Was spricht mich nicht an? (Inhalt, Schreibweise, Umfang des Textes, eine bestimmte Person im Text, ...)

Was erwarte ich vom Buch? (Schreibe auf, wenn du vorhast, das Buch zu lesen, wann du mit der Lektüre beginnen wirst. Später machst du eine Eintragung zum Buch.) Wem kann ich das Buch weiter-
30 empfehlen?

Wenn du ein *ganzes Buch* liest, kannst du immer wieder kurze Notizen eintragen und diese am Schluss der Lektüre ergänzen:

Zum Beispiel:

– Worum geht es in diesem Kapitel?
35 – Worum geht es im Buch?

– Gedanken nach der Lektüre der Seiten ...

– Zeichnungen, Skizzen, passende Fotos (und anderes) zum Thema ...

Aus: A. Bertschi-Kaufmann/R. Gschwend-Hauser: Jugendliteratur in der Lesewerkstatt. In: Praxis Deutsch 127 (1994), S. 50 ff., S. 55

❏ *Schreibe zu Beginn der Eintragung jeweils den Autor/die Autorin und den Titel auf und gib die Seitenzahlen im Buch an.*

❏ *Zur besseren Übersicht kannst du die Seiten im Lesejournal im Voraus durchnummerieren. Ent-
scheide jeweils selbst, wie du die Eintragungen gestaltest, wie dein Lesejournal aussehen soll.*

EinFach Deutsch: Unterrichtsmodell: Es geschah im Nachbarhaus © Schöningh Verlag 2005

Kartenabfrage

Welche Figur hat dir am besten gefallen?

Mit welcher Figur konntest du dich nicht anfreunden?

Welche Themen des Romans erscheinen dir nach der Lektüre besonders wichtig?

Was ist dir unverständlich geblieben? / Worüber möchtest du mehr erfahren?

Du findest am Lehrerarbeitsplatz verschiedenfarbige Karteikarten.

GRÜN: *positive Resonanz auf eine der literarischen Figuren*
GELB: *ablehnende Haltung gegenüber einer der literarischen Figuren*
BLAU: *wichtige Themen(bereiche)*
ROT: *Informationsbedarf/unbeantwortete Fragen/Verständnisprobleme*

Nimm für jede deiner Stellungnahmen eine neue Karte und begründe deine Beiträge.

EinFach Deutsch: Unterrichtsmodell: Es geschah im Nachbarhaus © Schöningh Verlag 2005

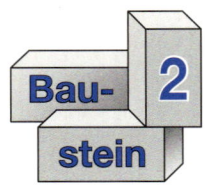

2.1 ⬜ **Von der mörderischen Gewalt der Fixierung**

„Kind, sie suchen nicht den wirklichen Täter. Sie meinen, sie kennen ihn bereits" (S. 39) –
Die Befürchtungen von Frau Waldhoff bestätigen sich schneller als erwartet. Bereits als
der Bürgermeister einen Tag nach dem Leichenfund bei der Familie erscheint, um Sigis
Aussage zu protokollieren, weist er auf die Anfänge der Hetzkampagne hin: „Der Mehlbaum macht mit seinem dummen Gerede die Leute wild" (S. 12).
Die Menschen in Unruhe zu versetzen, ihre Ängste zu schüren und mit „[d]umme[m] Ge-
schwätz" (S. 13) wach zu halten, reicht aus, um ein „Feindbild" entstehen zu lassen, das
gedankenlos auf jeden einzelnen Vertreter dieser Gruppe („wir Juden", S. 12) projiziert wird.
Dem Beschuldigten fällt dann die Last des Unschuldsbeweises zu: „Überlegen Sie genau,
wie Sie den gestrigen Tag verbracht haben, und schreiben Sie es auf. Sie wissen ja, wie
leicht einer ins schiefe Licht geraten kann" (S. 12).
Und dass der Unschuldsbeweis im Räderwerk von Lüge und Vor-Verurteilung der „Treib-
jagd" auf einen Menschen nur allzu oft keinen Einhalt gebietet, haben die Waldhoffs in ihrer eigenen Biografie bitter erfahren müssen: „Mit einem Mal fiel [Waldhoff] die Geschichte seines Schwiegervaters ein, der des Kindesmordes bezichtigt worden war" (S. 7). Der
Unschuldsbeweis lag damals auf der Hand, der vermeintliche Täter „konnte [...] nachwei-
sen, dass er am Mordtag gar nicht in der Stadt gewesen [war]" (S. 9), aber die Wahrheit
vermochte sich nicht durchzusetzen. Man suchte und fand einen „Sündenbock". Was folg-
te, „war schlimmer als Urteil und Gefangenschaft" (S. 9), war ein Martyrium gesellschaft-
licher Ächtung, an dessen Ende der Tod des Verfolgten stand, dem „Sorgen, Missachtung,
Einsamkeit inmitten der Menschen [...] den Atem genommen [hatten]" (S. 9). Und genau
das macht den sturen Gang des Räderwerks der Vorurteile aus, „die Menschen wollen keinen Nachweis, sie wollen einen Täter" (S. 9) – und diese Gefahr sieht Frau Waldhoff wieder wie „damals" (S. 9) als Damoklesschwert über ihrer Familie.

Indem die Schüler und Schülerinnen die Rolle von Figuren übernehmen und sie „sprechen"
lassen, setzen sie sich mit den Gefühlen, Wünschen, Ängsten und Erwartungen am Geschehen Beteiligter – vor dem Hintergrund der eigenen Erfahrungen – handelnd auseinander. Darauf zielt der folgende kreative Schreibauftrag ab.

⬜ *„Waldhoff fand lange keinen Schlaf" (S. 9) – zu sehr beschäftigt ihn die Geschichte von
„damals", zu lebendig sind die Erinnerungen ...*

  Wähle eine der folgenden Gestaltungsaufgaben, um das Quälende und Erschrecken-
  de dieser Erinnerungen deutlich werden zu lassen.

  1. *„[...] in seinem Herzen zitterte Furcht [...]" (S. 9) – Waldhoffs innere Unruhe ist zugleich
     Spiegel der äußeren Umstände und der daraus resultierenden Ungewissheiten und
     Ängste. Verfasse einen inneren Monolog, mit dem du die „Zukunftsahnungen" des
     Vaters vor dem Hintergrund der gegenwärtigen Ereignisse „hörbar" machst.*

  2. *„Wie war das damals mit deinem Vater?" (S. 9) – Stell dir vor, Waldhoffs Schwie-
     gervater habe ein Tagebuch hinterlassen, das Ruth Waldhoff nun hervorholt und
     aus dem sie einige Passagen vorliest. Was könnte darin notiert sein? Versuche ver-
     schiedene „Stationen" des dokumentierten Leidensweges zu berücksichtigen. In-
     formationen kannst du der Seite 9 entnehmen.*

„Sie haben ihm die Kehle durchgeschnitten" (S. 7) – auf diesen einzigen Satz lässt sich das
„Schreckgespenst" reduzieren, das die Erinnerungen der Familie Waldhoff heraufbeschwört. Mit dem „Schächterschnitt" (S. 14) des kleinen Jean Seller verweist Fährmann
auf den Kernvorwurf gegenüber der jüdischen Glaubensgemeinschaft, auf den Vorwurf des

Ritualmordes zur Ausübung ihrer Religion („Juden brauchen Kinderblut für den Passah-Wein", S. 13).

Nur sehr schwer dürfte – verständlicherweise – für die heutige Schülergeneration die Reaktion der Dorfbewohner auf das Geschehen (vor allem die Reaktion Mehlbaums als „Motor" der späteren Hetzkampagne) nachvollziehbar sein. Zu unvorstellbar muten die Unterstellungen an, zu wenig sind die Schüler und Schülerinnen selbst religiös sozialisiert – sie kennen sich in den Riten ihres eigenen Glaubens häufig nicht mehr aus und in der historischen Bedingtheit religiösen Lebens anderer Religionsgemeinschaften erst recht nicht. Hier bedarf es also einer erklärenden Kontextuierung, etwa durch einen Lehrervortrag oder durch erläuternde Materialien (**Arbeitsblatt 3**, S. 35), die die Verwurzelung des „Blutmythos" (Fischer, S. 129) in der Geschichte des jüdischen Volkes verdeutlichen und die Waldhoffs mit ihrem Schicksal in eine lange Reihe von „Erleidenden [stellt], die aus religiöser Duldsamkeit das Los einer diskriminierten Minderheit [zu] ertragen [hat]" (Fischer, S. 128).

2.2 ◻ Im Banne des Vorurteils

„Aber du musst einsehen, dass ich nicht gegen den Strom schwimmen kann" (S. 41) – Sicherlich wäre nichts bedenklicher als zu behaupten, man könne ohne Bildnisse, d. h. aber auch ohne Vor-Urteile leben. Eine schlechthin vorurteilsfreie Existenz ist nicht lebbar, denn wo immer wir mit Menschen zusammentreffen, versuchen wir ihren Charakter zu ergründen.

„Dieses Pack ist der Ruin unseres Volkes. Es lebt von der Arbeit anderer. [...] Das Weltjudentum ist eine große Gefahr für unser Volk" (S. 55) – so kann es jeder lesen, „schwarz auf weiß" (S. 55) in „einer dieser verlogenen Zeitungen" (S. 56), und genau das ist es, was sich fortpflanzt im Gedächtnis derer, die die „Autorität" des geschriebenen Wortes per se für bare Münze nehmen: „Aber die Zeitung hat Recht [...]" (S. 57). Urteile, die mit einem solchen Absolutheitsanspruch vorgetragen werden, besitzen die Eigenschaft der relativ raschen Erlernbarkeit und Übernahme.

Um die Schüler und Schülerinnen zunächst allgemein für das Phänomen des Vor-Urteils zu sensibilisieren, bietet es sich an, diesen Aspekt zunächst buchunabhängig aufzuschließen (**Arbeitsblatt 4**, S. 38).
Die Aufgaben leiten die Lerngruppe dazu an, über Vorurteilsstrukturen miteinander ins Gespräch zu kommen und die Mechanismen als menschliches Bemühen zu deuten, die Erscheinungs- und Verhaltensvielfalt der Mitmenschen in irgendeiner Weise zusammenzufassen, um dadurch die Reizvielfalt überschaubar zu machen. Dieses Verhalten führt dann aber nicht selten zu einer nicht tolerierbaren Katalogisierung von Erscheinungsarten und zwangsläufig zu einer Vereinfachung der Tatbestände.

Das negative Vorurteil, das nach Vogt dazu dient, „Haltungen der Abneigung, der Feindseligkeit, des Hasses zu motivieren", die „oft unangreifbar" (Z. 47ff.) sind, ist ein idealer Nährboden für die Aufnahme von Andeutungen, Vermutungen, unbewiesenem Gerede, Gerüchten, für alle Hinweise, welche die eigene Einstellung bestätigen. Menschen, die Belege für ihre eigenen Vorurteile gefunden zu haben glauben, tendieren dazu, die Weiterverbreitung des Gerüchts voranzutreiben und als Beleg für die eigene Meinung auszugeben. Besonders typisch dabei ist die Schnelligkeit, mit der sich Gerüchte verbreiten, wie auch Sigi Waldhoff später, nach seinem Umzug nach Neuss, erkennen muss: „Aber das Gerücht hat uns eingeholt. Es ist schneller als jede Flucht" (S. 161).

Wie sehr sich Vermutungen, Annahmen, üble Nachreden verselbstständigen und zu einer bedrohlichen „Wirklichkeit" anwachsen, hat A. Paul Weber mit seinem Bild „Das Gerücht" sehr anschaulich illustriert (**Arbeitsblatt 5**, S. 39).

Mit den Schülern und Schülerinnen können zahlreiche Aspekte der Bildgestaltung und -deutung im Unterrichtsgespräch erarbeitet werden (s. Kasten auf S. 26).

A. Paul Weber „Das Gerücht"

Bildelemente ...	**und ihre (Be-)Deutung**
das Gerücht ...	
• als schlangenartiges Wesen	schwer zu fassen, findet jede noch so kleine „Lücke", um sich „einzunisten", vermag sich „herumzuwinden" um die Wahrheit und „herauszuwinden" aus allem, was es behindern könnte
• große, spitze Ohren	allzeit aufnahmebereit für Neuigkeiten, lauscht und belauscht, um das Gehörte möglichst rasch wieder zu verbreiten
• lange, spitze Nase	steckt seine „Nase" in alles, auch in Sachen, die es nichts angehen, „schnüffelt" allem hinterher, im höchsten Maße von Neugier getrieben, sensationslüstern
• breiter Mund mit spitzer „Schlangenzunge"	zerreißt sich buchstäblich das Maul über andere, Tratschsucht, Hinterhältigkeit; hinter dem Rücken tuscheln, falsches Zeugnis reden wider den Nächsten
• der Körper übersät mit Augen	in alle Himmelsrichtungen ausspähen und ausspionieren, mit „Argusaugen" alles verfolgen; gierig „ein Auge auf alles werfen"
• dicke Brille	der nach vorne gerichtete Blick bleibt getrübt, „kurzsichtig", keinen Blick für die Wahrheit, verblendet im Eifer, blindes Anrennen gegen besseres Wissen
in seinem Gefolge ...	
• die Menschen	blindlings und in Massen „auf etwas fliegen", dem Gerücht folgen, ihm Glauben schenken, es stärken, am Leben halten und wachsen lassen, dem Verlangen nach Sensationen folgen, sich dem Willen und dem Handeln der Masse unterwerfen

Durch Scheinlogik wird ein Netz von Vorurteilen geschaffen, das von außen betrachtet überzeugend und unumstößlich wirkt, dessen Grundannahmen sich aber schon als falsch erweisen. Sehr eindringlich hat Fährmann seinen jugendlichen Lesern dies im Gespräch zwischen Karls Vater und den „Aposteln" vor Augen geführt.

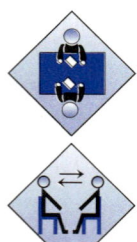

❒ *„So sind sie alle!" (S. 57) – Lest noch einmal die Seiten 55 („Sigi näherte sich der Brettertür") bis 58 („Sigi schlich sich leise von der Tür weg...") und stellt in Partnerarbeit zusammen, welche Persönlichkeitsmerkmale die Fischer den Juden zuschreiben und mit welchen Argumenten Herr Ulpius ihren Vorstellungen entgegentritt.*

Die Ergebnisse der Textarbeit können anschließend im Unterrichtsgespräch an der Tafel oder auf Folie festgehalten werden:

Vorurteile – kritisch beleuchtet: Herr Ulpius im Gespräch mit den „Aposteln"

Fischer	**Ulpius**
• Juden sind faul und arbeitsscheu, denn solche, *„die wirklich arbeiten, die sind selten"* (S. 56)	
• ... machen *„sich die Hände nicht dreckig"* (S. 56) und sind deshalb Kaufleute und Händler	die von Juden ausgeübten Berufe sind *„ehrliche[e] Geschäft[e]"* und *„verlangen [ihre] Arbeit"* (S. 56)
• Samy Deichsel macht unehrliche Geschäfte und *„so sind sie alle"* (S. 57)	unzulässige Verallgemeinerung: dem Negativbeispiel Samy Deichsel steht das Positivbeispiel Kirschenstein gegenüber (vgl. S. 57)
• kein Jude verdient sich seinen Lebensunterhalt *„mit den Händen"*, keiner ist *„Bauer oder Schmied"* (S. 58)	„Wurzel" des Vorurteils im Mittelalter: christl. Zünfte verwehren den Juden Zugang zu Handwerksberufen
• Juden sind reich und nehmen Wucherzinsen: *„Geld und Jud, das gehört zusammen"* (S. 58)	unzulässige Verallgemeinerung (Bsp. Parnitzki); Verbot für Christen, als Geldverleiher tätig zu sein (historische „Wurzel")

Meinungsbild der Fischer geprägt von ...	**Argumentation von Ulpius geprägt von**
– Hörensagen	– historischem Wissen
– „Halbwissen"	– Ausgewogenheit des Urteils
– unreflektierten Übernahmen	– eigenen Erfahrungswerten
– Verallgemeinerungen	– Beurteilung des Einzelnen, nicht der „Gruppe"

Das von Sigi belauschte Gespräch offenbart die Neigung, Erfahrungen, die wir mit einzelnen Menschen machen, oder Aussagen, die nur bestimmte Individuen betreffen, auf alle Mitglieder dieser Gruppe zu übertragen: „So sind sie alle!" (S. 57), lautet dann auch die vereinfachende Etikettierung, man spricht von „den Juden", und dass „ihnen [etwas] im Blut [liegt] (S. 58). Wenn Ulpius dem sein zweifelndes „[a]lle?" (S. 57) entgegenstellt, so verweist er damit auf die Negation jeglicher Individualität, die mit den vorschnellen, vor allem aber fehlerhaften Verallgemeinerungen einhergeht.

Auf das so genannte „Körnchen" Wahrheit stoßen wir sicherlich oft, wenn wir bestimmte Eigenschaften oder Verhaltensweisen bei Vertretern einer Völkergemeinschaft relativ häufig vertreten finden. Das entbindet uns aber nicht von der Frage nach dem „Warum", um im historischen Kontext den wahren Grund dafür „freizulegen" und das Beobachtbare erklärbar zu machen, wie Ulpius den Fischern mit seiner „Ursachenforschung" : „Es gibt eben zu allen Zeiten und in allen Völkern Anständige und Halunken, Diebe leben neben Ehrlichen. Unkraut wächst neben dem Weizen" (S. 58), resümiert Ulpius am Ende seiner differenzierten Sicht auf die Dinge und „wenn man es genau nimmt" – schließt Justus das Gespräch –, „dann ist sogar in jedem Menschen ein bisschen von all dem" (S. 58).

2.3 ☐ Die Eskalation der Gewalt

„Sie hetzen ihn, sagte Mutter leise ..." (S. 47) – Wie Recht Hannah Waldhoff mit ihren Zukunftsängsten hat, zeigt sich bereits am Tag nach der Auffindung des ermordeten Jean Seller, als es zu ersten Diffamierungen und Verdächtigungen kommt. Selbst gut bekannte Geschäftspartner wie die Kardows können sich dem Verdacht nicht verschließen, den Frau Kardow schließlich unverblümt in die Frage fasst: „Sag mal, Bernhard, hast du wirklich den kleinen Jean umgebracht?" (S. 23). Einen Tag später sagt sie dem alten Waldhoff sogar offen ins Gesicht: „Die Leute wollen kein Fleisch, das ein Mörder, vielleicht ein Mörder, uns verkauft" (S. 43) – die correctio („vielleicht") ist ganz und gar unnötig, längst schon sind alle in der kleinen Stadt auf Waldhoff als „Täter" fixiert, Kontakte mit ihm werden beargwöhnt und selbst die Gutwilligen ziehen sich im Sog der allgemeinen Ächtung zurück.

Immer wieder sind es einzelne Wortführer wie Mehlbaum oder Huymann, die am Stammtisch polemisieren, „große Reden" (S. 78) führen und besonders Jugendliche zu gewalttätigen Aktionen ermuntern („Was suchen die Juden hier in unserem Vaterland? Sollen sie doch hingehen, wo sie hergekommen sind", S. 82). So fliegen dann auch die ersten Steine in die Fensterscheiben von Waldhoffs Haus: „Los, macht den Juden ein wenig frische Luft!" (S. 82)

Selbst die Geistlichkeit der Stadt nimmt zu dem „Fall Waldhoff" kontrovers Stellung. Als der Kaplan Mäßigung und Nächstenliebe predigt, wird er von seinem Dechanten abgekanzelt, „[e]s stehe einem Geistlichen wohl nicht gut an, für die ungläubigen Juden, denen ja schließlich das Blut des Herrn an den Fingern klebe, öffentlich Partei zu ergreifen" (S. 81). Die Vorurteile der Erwachsenen werden von den Kindern übernommen. Die Nachbarskinder gehen Sigi aus dem Weg (S. 20f.), ein Mitschüler lehnt eine Auszeichnung mit der Begründung ab, „der Judenbengel" (S. 90) Sigi bekomme auch eine, kleine Kinder reden offen vom „Mörderhaus" (S. 99) und von der Feigheit der Juden und Mörder (S. 120). Schließlich wird Sigi – ohne jeglichen pädagogischen Anlass – vom Unterricht „bis auf weiteres" (S. 90) ausgeschlossen.

Die Ereignisse überschreiten – nicht zuletzt wegen der sehr aktiven Presse – schnell die Stadtgrenze und schon bald erscheinen fremde Jugendliche, die das „Judenhaus" (S. 49) suchen und über Sigi herfallen („Gib es dem Saujuden ...!", S. 63). Wenig später tauchen fremde junge Männer auf dem Schützenfest auf, sorgen für antijüdische Stimmung („Mörderpack raus", „Judenschweine raus", S. 76) und eine handfeste Schlägerei. Als Herr Waldhoff kurze Zeit nach seiner ersten Verhaftung wieder entlassen wird und die Zeitungen die „Mordaffäre" (S. 134) wieder aufgreifen, marschieren über vierzig Männer ohne Uniform, aber mit militärischem Gehabe auf und zünden das Haus der Waldhoffs an: „Wir haben heute dem Vaterland einen Dienst erwiesen. Wir haben einen Schandfleck in unserer Stadt ausgemerzt [...]" (S. 136). Kein Nachbar oder Bekannter – mit Ausnahme von Herrn Ulpius und Karl – hilft bei den Löscharbeiten: „Bald standen sie im Halbkreis vor Waldhoffs Haus. [...] Schweigend starrten die Nachbarn vor sich hin oder in die wachsenden Flammen [...]" (S. 137). Als Hannah mit den Kindern nach der zweiten Verhaftung ihres Mannes bei Nacht das Haus verlässt („Nur weg von hier, nur weg", S. 145) und nach Neuss zieht (S. 145ff.), wird dieses in den nächsten Wochen verwüstet und geplündert: „Das Haus glich von innen mehr einer Ruine als der Wohnstatt, die die Waldhoffs vor noch nicht einem halben Jahr so sorgsam hinter sich verschlossen hatten" (S. 157). Aus diesem Grund kann es für Bernhard Waldhoff nach seinem Freispruch auch kein Zurück geben: „Wir werden nicht mehr zurückkommen [...] Das Geschäft ist ruiniert, das Haus zerstört, die Unbefangenheit und Heiterkeit unseres Lebens ist dahin" (S. 173).

Die „persönliche Betroffenheit" (Fischer, S. 121), die für Fährmann immer wieder zur Triebfeder des Schreibens wird, gilt es auch bei den Schülern und Schülerinnen zu evozieren. Es bietet sich deshalb an, die Diskriminierung der Waldhoffs, die über weite Strecken der Handlung thematisiert wird, in ihren einzelnen Stadien ihrer Entfaltung herauszuarbeiten. Dabei sollen unterschiedliche methodische Zugänge gewählt werden, die verschiedene Sichtweisen auf die Zuspitzung des Konflikts zulassen.

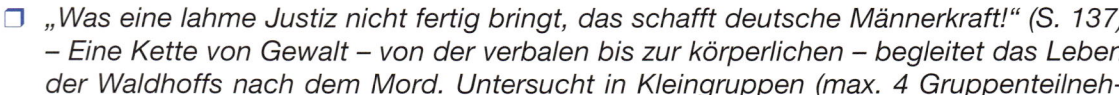

☐ *„Was eine lahme Justiz nicht fertig bringt, das schafft deutsche Männerkraft!" (S. 137) – Eine Kette von Gewalt – von der verbalen bis zur körperlichen – begleitet das Leben der Waldhoffs nach dem Mord. Untersucht in Kleingruppen (max. 4 Gruppenteilneh-*

mer) die Gewalteskalation im Verlauf der Geschichte. Bezieht euch dabei auf die Seiten 12; 20 – 23; 31ff.; 41 – 62; 72 – 90; 99 – 102; 109; 120; 134 – 138; 144ff.; 157; 173. Schreibt anschließend eure Ergebnisse so auf eine Tapete, dass der Zusammenhang von sich steigernder Diskriminierung und Gewaltanwendung optisch sichtbar wird.

Die Entwicklung der Übergriffe mit dem letztendlich erklärten Ziel, den „Schandfleck in dieser Stadt aus[zu]merz[en]" (S. 137), verdeutlicht die Entstehung der Kollektivschuld, eines Gruppenversagens, das sich zusammensetzt aus der Gedankenlosigkeit der Einzelnen und eine Spirale gesinnungsloser Verhaltensmuster heraufbeschwört, um sich schließlich in gewaltsamen, uniformen Ausschreitungen zu entladen: „Der Gleichschritttausendfüßler zog weiter. Unbeirrt. Ohne Umweg. Voran ein Mann, der sich auskannte. Keinen Schritt gingen sie zu viel" (S. 135) – in mehrfacher Hinsicht aber einen Schritt zu weit!

Es bietet sich an, die aufsteigenden Gewaltspiralen gleichsam in Stationen „begehbar" zu machen, um so die Gefühle von Macht auf der einen und Ohnmacht auf der anderen Seite durch die Schüler und Schülerinnen selbst körperlich, d. h. pantomimisch erfahrbar zu machen. Dazu sollen die einzelnen Gruppen ihre Ergebnisse zusammentragen und auf einer Tapetenrollenbahn optisch so anordnen, dass für sie der „Leidensweg" der Waldhoffs nachempfunden werden kann (vgl. Kasten auf der nächsten Seite). Alternativ lassen sich an den einzelnen Stationen der Spirale auch gut „Gliederpuppen" einsetzen, wie sie im Kunstunterricht zum Erlernen anatomischen Zeichnens Verwendung finden und mit denen innere Befindlichkeiten von Personen ausdrucksstark „in Szene gesetzt" werden können.

Symbolisch verdichtet hat Fährmann das unreflektierte Verhalten eines ganzen Kollektivs in der Geschichte der Mäusejagd, einer jener „eingebauten Binnengeschichten" (Fischer, S. 133), die den Leser zur Reflexion nötigen. In der Kontrastierung unterschiedlicher Verhaltensmuster zeigt sich zugleich die Spannbreite und Ambivalenz menschlicher Handlungsmöglichkeiten. Dass sich diese Ambivalenz nicht nur in Extremsituationen wie im Fall des Mordes an Jean Seller offenbart, sondern ebenso im ganz alltäglichen Miteinander, lässt die Brisanz dieses Aspektes erahnen.

❏ *„Dummes Vieh. Du bist schuld" (S. 27) – Der Autor legt großen Wert auf eine detaillierte Beschreibung der Mäusejagd. Lies noch einmal den Textauszug Seite 26 („Alle starrten auf das Tier") bis Seite 27 („Der Zorn stand ihm im Gesicht").*

  – *Untersuche, wie sich das Geschehen „aufbaut" und entwickelt und welche Rolle die beteiligten Personen spielen.*

  – *Gehe vor dem Hintergrund deiner Textkenntnisse der Frage nach, inwieweit diese „Einzelepisode" innerhalb der Geschichte eine Schlüsselfunktion einnimmt.*

Die kindliche Aggressivität – „verbissen und hasserfüllt" (S. 27) –, die sich gegenseitig hochschaukelt („[e]s war, als ob die Jungen ihre ganze Wut gegen diese Maus schleudern wollten", S. 27) und vernunftgeleiteten Argumenten unzugänglich ist („‚Das ist doch nicht richtig, oder?', wagte Viktor zu sagen", S. 27), verweist zugleich auf den menschlichen Hass, mit dem die Familie Waldhoff wenig später konfrontiert wird. Auch hier entladen sich Frust und Zorn gegen ein unschuldiges Wesen, das als „Ersatzopfer" für die Bestrafung der Klasse herhalten muss und dem die Schüler auf brutale Weise zusetzen: „Da standen die Jungen, leicht vorgebeugt, Mordlust in den Augen" (S. 27). Wie später im „Fall Waldhoff" ist es auch dieses Mal Karl Ulpius, der gegen die Quälerei „einschreitet". Viktors Einwurf setzt bei ihm zunächst so etwas wie Unschuldsbewusstsein in Gang („Karl allein schien verstanden zu haben, was Viktor meinte. Er steckte die bunte Glasscherbe, die er als Wurfgeschoss hervorgeholt hatte, wieder in die Tasche zurück", S. 27), gegen den allgemeinen „Jubel" (S. 27) kann er sich jedoch kein Gehör verschaffen („Hört auf!", rief Karl [...] „Hört endlich auf!", S. 28), schon zu sehr hat die Jagd rauschhafte Züge angenommen: („Wim griff die zuckende Maus am Schwanz und hielt sie wie eine Siegestrophäe empor", S. 28). So kann Karl die hasserfüllte Mäusehatz gegen die Übermacht der Jäger zwar nicht verhindern, wohl aber sorgt er letztlich mit seinem aktiven Eingreifen dafür, dass das schwer verletzte Tier von seinen Qualen erlöst wird: „Da raste Karl in den Kreis, schlug ihm das elende Tier aus der Hand und trat mit dem Fuß darauf" (S. 28).

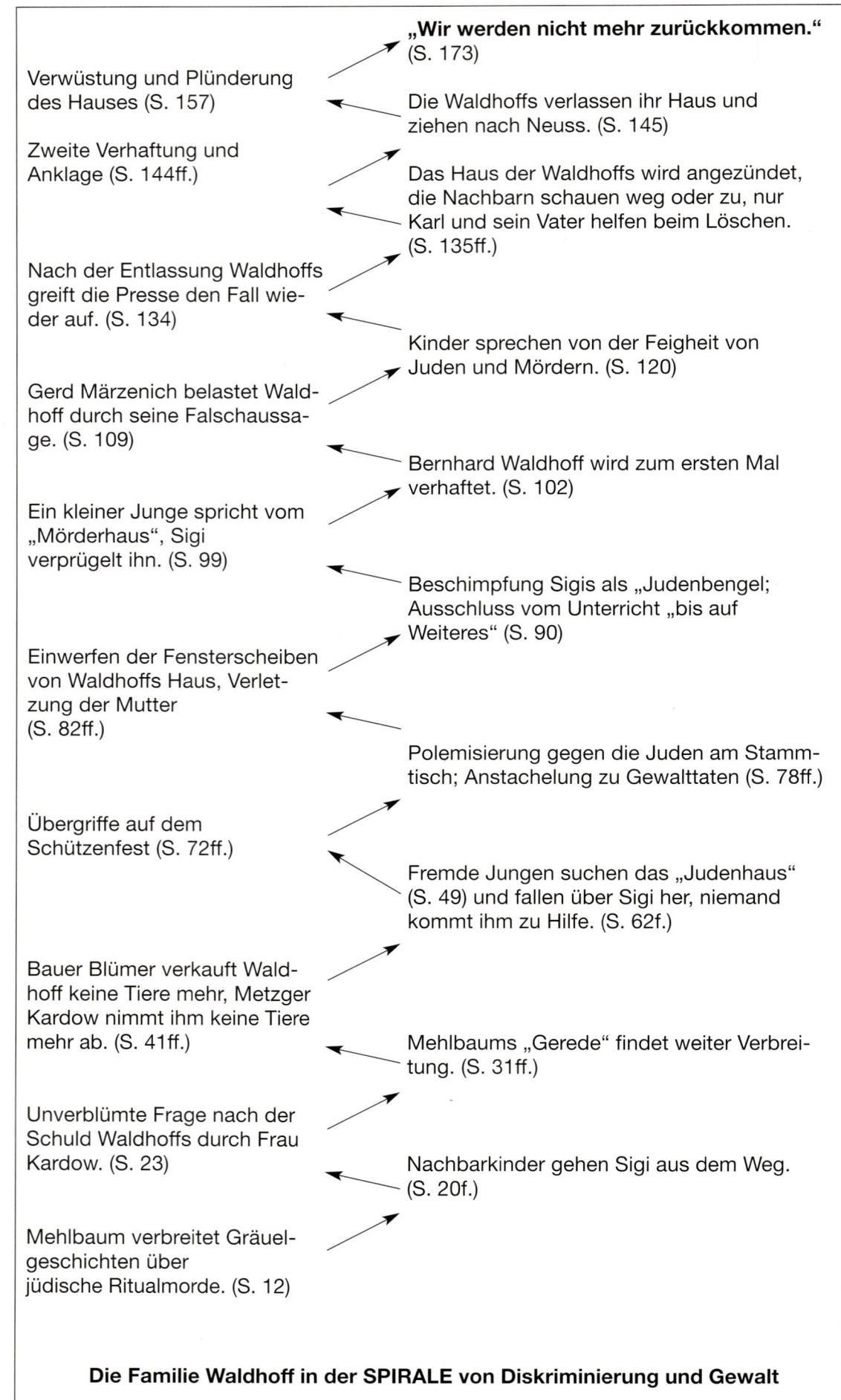

„**Wir werden nicht mehr zurückkommen.**"
(S. 173)

Verwüstung und Plünderung
des Hauses (S. 157)

Die Waldhoffs verlassen ihr Haus und
ziehen nach Neuss. (S. 145)

Zweite Verhaftung und
Anklage (S. 144ff.)

Das Haus der Waldhoffs wird angezündet,
die Nachbarn schauen weg oder zu, nur
Karl und sein Vater helfen beim Löschen.
(S. 135ff.)

Nach der Entlassung Waldhoffs
greift die Presse den Fall wieder auf. (S. 134)

Kinder sprechen von der Feigheit von
Juden und Mördern. (S. 120)

Gerd Märzenich belastet Waldhoff durch seine Falschaussage. (S. 109)

Bernhard Waldhoff wird zum ersten Mal
verhaftet. (S. 102)

Ein kleiner Junge spricht vom
„Mörderhaus", Sigi
verprügelt ihn. (S. 99)

Beschimpfung Sigis als „Judenbengel;
Ausschluss vom Unterricht „bis auf
Weiteres" (S. 90)

Einwerfen der Fensterscheiben
von Waldhoffs Haus, Verlet-
zung der Mutter
(S. 82ff.)

Polemisierung gegen die Juden am Stammtisch; Anstachelung zu Gewalttaten (S. 78ff.)

Übergriffe auf dem
Schützenfest (S. 72ff.)

Fremde Jungen suchen das „Judenhaus"
(S. 49) und fallen über Sigi her, niemand
kommt ihm zu Hilfe. (S. 62f.)

Bauer Blümer verkauft Waldhoff keine Tiere mehr, Metzger
Kardow nimmt ihm keine Tiere
mehr ab. (S. 41ff.)

Mehlbaums „Gerede" findet weiter Verbrei-
tung. (S. 31ff.)

Unverblümte Frage nach der
Schuld Waldhoffs durch Frau
Kardow. (S. 23)

Nachbarkinder gehen Sigi aus dem Weg.
(S. 20f.)

Mehlbaum verbreitet Gräuel-
geschichten über
jüdische Ritualmorde. (S. 12)

Die Familie Waldhoff in der SPIRALE von Diskriminierung und Gewalt

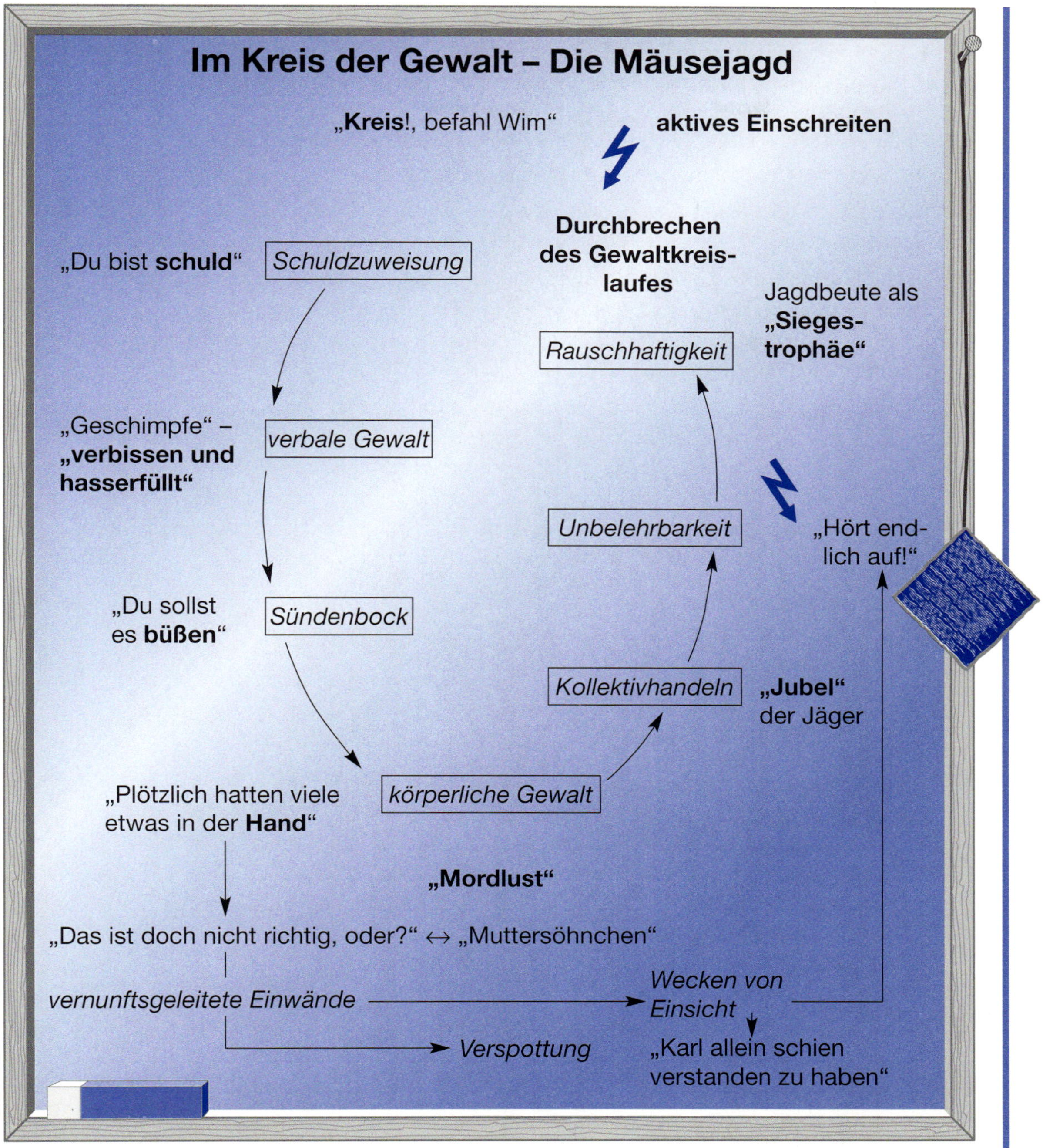

Im Kreis der Gewalt – Die Mäusejagd

„**Kreis**!, befahl Wim"   aktives Einschreiten

Durchbrechen des Gewaltkreis- laufes

„Du bist **schuld**"   Schuldzuweisung

Rauschhaftigkeit

Jagdbeute als „**Siegestrophäe**"

„Geschimpfe" – „**verbissen und hasserfüllt**"   verbale Gewalt

Unbelehrbarkeit

„Hört endlich auf!"

„Du sollst es **büßen**"   Sündenbock

Kollektivhandeln   „**Jubel**" der Jäger

„Plötzlich hatten viele etwas in der **Hand**"   körperliche Gewalt

„**Mordlust**"

„Das ist doch nicht richtig, oder?" ↔ „Muttersöhnchen"

vernunftsgeleitete Einwände ——————→   Wecken von Einsicht

Verspottung   „Karl allein schien verstanden zu haben"

Welch große symbolische Bedeutung Fährmann der „Mäuse-Treibjagd" (S. 26) zuschreibt, mit der er „die menschliche Tragik im Blick auf die Familie Waldhoff [versinnbildlicht]" (Fischer, S. 127), ruft der Autor seinen Lesern im späteren Handlungsverlauf mit der „Spiegelbildgeschichte" über den Angriff auf Sigi nochmals eindringlich ins Gedächtnis.

In der Auseinandersetzung mit dieser ungleichen „Begegnung" soll die Aufmerksamkeit der Schüler und Schülerinnen auf den hohen bzw. niedrigen Status gerichtet werden, durch den sich Täter und Opfer definieren.

Dazu ist eine Abfolge von Standbildern denkbar, in denen besonders gut die Beziehung von Figuren in bestimmten Kommunikations- und Handlungszusammenhängen verdeutlicht werden kann. Dabei geht es um den Standort der Figuren zueinander im Handlungsraum und den Ausdruck der Befindlichkeiten durch Körpersprache (vgl. **Arbeitsblatt 6**, S. 40).

❐ *„Er war noch keine hundert Meter weiter, als sie über ihn herfielen" (S. 52) – Versucht in Kleingruppen den „Überfall" auf Sigi durch die Gruppe fremder Jungen (S. 62–63) in einer Standbildsequenz „in Szene zu setzen". Auf welche Weise lassen sich die „Täter"-„Opfer"-Rollen körpersprachlich verdeutlichen?*
Methodische Hinweise zum „Bau" eines Standbildes gibt euch das Arbeitsblatt 6.

Zum Vorgehen:

- *Lest den Textauszug zunächst mit Blick auf seine dramatische Gestaltung.*
- *Gliedert ihn in einzelne Handlungsschritte, die den Ablauf des Geschehens sichtbar machen.*
- *Gestaltet die Handlungsschritte nun als Standbildfolge.*

Als Tipp: Es ist auch möglich, dass die einzelnen Gruppen ihre Standbilder abfotografieren (Sofortbild-/Digitalkamera) und zur gemeinsamen Besprechung auf einer Wandtapete befestigen.

Zur „Vorstrukturierung" und zur Entlastung der gestalterischen Aufgabe (besonders bei noch ungeübten Lerngruppen) können die zentralen Aspekte der Handlungsentwicklung zunächst auch im Plenumsgespräch auf Folie fixiert werden, die es in der Umsetzung zu Standbildern dann zu füllen gilt.

Der Angriff auf Sigi

- unerwarteter Überfall „aus dem Hinterhalt": Rollenverteilung innerhalb der Gruppe: „Anführer" und „Mitläufer"
- Handgreiflichkeiten vor allem durch den „Anführer"
- das Opfer setzt sich zur Wehr
- Einkreisen der Kämpfenden, der „Ring" der Auseinandersetzung wird abgesteckt und
- ... die Fluchtmöglichkeit für das Opfer verhindert
- Anstachelung und Anfeuerung des „Anführers" durch die anderen Gruppenmitglieder
- verzweifelte – aber erfolglose – Gegenwehr
- Suche nach „Rückendeckung"
- Nachsetzen des Angreifers
- der Kreis wird enger geschlossen: Einkesselung
- der wehrlos am Boden Liegende wird weiter malträtiert, jetzt auch – auf Geheiß des „Anführers" – durch alle Gruppenmitglieder

Der körpersprachliche „*Nach*-Vollzug" des Geschriebenen erzeugt anschauliche Bilder in der Vorstellung der Akteure und hilft, das Geschehen „plastisch" zu vergegenwärtigen. Ein sich anschließendes Gespräch über die Empfindungen der Rollenträger beim Standbildbau, aber auch über die Wirkung des Standbildes auf die Betrachter, kann überdies zum Anlass genommen werden, bestimmte Verhaltensweisen im Interaktionsprozess kritisch zu reflektieren und die literarisch vermittelten Verhaltensmuster mit eigenen Erfahrungen abzugleichen.

Die Sympathiebekundungen und das Mitempfinden der Schüler und Schülerinnen für Sigi dürften unbestritten sein, gleichwohl aber gilt es, die Textarbeit nicht ausschließlich auf die Opferrolle zu fokussieren, sondern ebenso zu verdeutlichen, dass die „Täter" zumeist selbst in einem „Teufelskreis" des immer wieder Sich-Beweisen-Müssens stehen.

❑ *„ ... von allen Seiten kamen sie" (S. 63) – Vergleicht in Partnerarbeit das Vorgehen der „Jäger" bei der Mäusejagd (S. 27 – 28) mit dem Überfall auf Sigi (S. 62 – 63).*
  – *Welche Parallelen in den Verhaltensmustern sind erkennbar?*
  – *Welche Rückschlüsse auf Entstehen und Entfaltung von Gruppenprozessen lassen die Textauszüge zu?*

Auffällig ist, dass offenbar beide „Aktionen" durch einen Rädelsführer in Gang gesetzt und vorangetrieben werden, der allein schon aufgrund seiner körperlichen Präsenz („[d]er dicke Wim", S. 27; „der starke Wim", S. 28 – „Robert war größer und breiter als Sigi", S. 63)

eine exponierte Stellung einnimmt und seine „Gefolgsleute" anstachelt („Kreis!', befahl Wim", S. 27 – „Gebt ihm den Rest, dem Schlappschwanz", S. 63), die sich zur Positionssicherung innerhalb der Gruppe in uniformiertem Gehorsam üben („Die Jungen schlichen sich nach vorn", S. 27 – „Schließlich bildeten sie einen Kreis um Sigi und den Burschen", S. 63) und ebenso uniformiert handeln („Plötzlich hatten viele etwas in der Hand, Schlüssel, Knicker, flache Steine schlugen auf den Boden", S. 27 – „(...) von allen Seiten kamen sie. Sie traten auf ihn ein", S. 63). Viktors „Ausbruchsversuch" aus der Gruppe („Das ist doch nicht richtig, oder?", S. 27) begegnet man mit Spott, „ohne auch nur zu Viktor hinzuschauen" (S. 27) – die Vereinzelung und die Angst vor Gruppendruck machen Widerstand fast unmöglich: „[Viktor] zuckte die Achseln und blieb im Kreis" (S. 27). Am Schluss beider „Demonstrierszenen" gesinnungsloser Gewalt wird das „Jagdobjekt" zur Strecke gebracht. Die Maus „kroch nun blind gegen die Füße der Jungen" (S. 28) und wird schließlich „wie eine Siegertrophäe empor[gehalten] (S. 28). Sigi „sank in die Knie" (S. 63) und „stürzte vollends auf das Pflaster" (S. 63), bevor sich die Szene wie in einem bösen Traum aufzulösen scheint: „Als er sich wieder erheben konnte, war die Straße still und leer" (S. 63). Sichtbar wird auch, dass Angst bei weitem der wichtigste Faktor bei mangelnder Solidarität und Zivilcourage ist, Viktor warf zwar nicht, ging aber auch nicht davon" (S. 27) und setzt seine leise geäußerten Bedenken erst recht nicht in ein offenes und mutiges Handeln um. Ebenso verhallen Sigis Hilferufe – wenn auch nicht unbemerkt, so doch ungehört: „Frau Dreigens und ihr Mann standen hinter den Scheiben. Als sie bemerkten, dass er sie sah, ließen sie die Vorhänge fallen. Sie halfen ihm nicht" (S. 63).

Die Ergebnisse der vergleichenden Untersuchung könnten in folgende Tafelskizze einmünden:

Gruppendynamische Prozesse am Beispiel der „Mäusejagd" und des „Überfalls" auf Sigi

- Ingangsetzung, Vorantreiben und Steuerung der Prozesse durch einen „Rädelsführer"/„Anführer"

- Stellung des Anführers innerhalb der Gruppe durch – häufig körperliche – Überlegenheit herausgehoben („Leitfigur")

- uniformierter Gehorsam der anderen Gruppenmitglieder führt zu uniformierten Handlungen („Mitläufer")

- Ziel ist, die eigene Position durch Übernahme der erwarteten Rolle nicht zu gefährden („Gruppenzwang")

- abweichendes Verhalten verstößt gegen den Gruppencodex („Verrat")

- die Rollenfixierung verhindert „Gegenaktionen"

- Angst vor Repressionen häufig als Triebfeder fehlender Courage

Abschließend bietet es sich an, nochmals beide Sichtweisen – die des Opfers u n d die des Täters gleichermaßen – im kreativen Zugriff „aufzuschließen", indem die Schüler und Schülerinnen nun aufgefordert sind, ihre Rezipientenrolle zu verlassen und sich als Co-Autor/in in den literarischen Text einzuschreiben.

❑ *„Gebt ihm den Rest, dem Schlappschwanz" (S. 63) – Versetze dich in die Rolle des Opfers oder der Täter und wähle einen der folgenden Schreibaufträge:*

1. *„Aber den Judenbengel, den kaufen wir uns [...]" (S. 56) – Robert und seine „Freunde" sind bestimmt stolz auf ihren „Sieg" über Sigi. Wie werden sie wohl bei ihrem*

33

Zusammentreffen mit anderen Gleichgesinnten über ihre „Heldentat" berichten? Schreibe einen Dialog, den du mit Mitschülern auch als Rollenspiel gestalten kannst.

2. *„Er wollte nicht wissen, wie sein Gesicht aussah" (S. 64) – Sigi führt Tagebuch und beschreibt darin den tätlichen Angriff als e i n e n „Mosaikstein" der zunehmenden Kränkungen und Demütigungen. Was könnte er am Abend über die „Begegnung" mit den fremden Jungen notieren?*

Notizen

_____

_____

_____

_____

_____

_____

_____

_____

_____

_____

_____

_____

_____

_____

_____

_____

_____

_____

_____

_____

_____

_____

_____

_____

Der Blutmythos

Der Ritualmordvorwurf

Eine neue Dimension erreichte die Gefährdung der Minderheit mit der Anschuldigung, die Juden benötigten das Blut von christlichen Kindern, um damit die Passion Jesu nachzuvollziehen oder um
5 eine magische Entsühnung herbeizuführen. Der Ritualmordvorwurf mit seiner in die Antike zurückreichenden Vorgeschichte war im Abendland 1144 wieder aufgetaucht. 1235 kostete er über 30 Fuldaer Juden das
10 Leben. Um dieser Anschuldigung den Boden zu entziehen, setzte der Kaiser eine Kommission ein, der auch Konverti-
15 ten[1] angehörten. Deren Urteil entlastete die Juden vollkommen: Nirgends in der Schrift gäbe es auch nur Andeutungen jüdischer
20 Blutgier. Juden hüteten sich im Gegenteil strikt vor Befleckung durch Blut. Wem sogar das Blut erlaubter Tiere ver-
25 boten sei, der könne nicht nach Menschenblut verlangen. Gegen den Vorwurf sprächen
30 außerdem „seine Scheußlichkeit, seine Unnatürlichkeit und das natürliche menschliche Gefühl, das Juden auch
35 Christen entgegenbringen". Auch die Kurie[2] distanzierte sich von dem neuen Vorwurf ge-

gen die Juden. Kaiser und Papst gelang es, die Ritualmordbeschuldigung zunächst zurückzu-40 drängen.

Aber auch abgesehen von solchen judenfeindlichen Legenden, kamen die Juden seit dem zweiten Drittel des 13. Jahrhunderts nicht mehr zur Ruhe.

Diethard Aschoff in: Geschichte der Juden im Rheinland und in Westfalen, hrsg. v. Zimmermann, a. a. O., S. 48

---

[1] Konvertiten = zu einem anderen Glauben Übergetretene
[2] Kurie = päpstliche Regierung

Blutaberglaube: Im Zeichen des Kannibalismus

Als Folge der zunehmenden antisemitischen Politik in der 2. Hälfte des 19. Jahrhunderts wurden immer wieder Schmähschriften gegen das jüdische Volk verbreitet, die die Glaubensgemeinschaft diffamierten und dem Antijudaismus Vorschub leisteten.

Flugblatt 14 des Berliner „Ausschuss für Volksaufklärung":
Weckruf! Deutsche Mütter! Deutsche Väter! Deutsche Schwestern! Deutsche Brüder! Über 200
5 Kinder allein in Groß-Berlin vermisst ... Man vermutet, dass das Fleisch dieser unglücklichen Kinder in der Ziegenwurst verarbeitet ist! . . . Ist nicht schon der bloße Gedanke grauenerregend, dass wir uns . . . wieder mitten im Zeichen des Kannibalismus befinden sollen!? . . . Seht ihr denn nicht, 10 dass euren lieben Kindern das gleiche Los droht!? . . . Wir wissen ja alle, dass *bestimmte Sekten zur Auffrischung ihres minderwertigen* [!] *Blutes aus rituellen Gründen ihren Opfern unter den grausamsten Qualen das Blut abzapfen!* Ist es nicht sonder- 15 bar, dass so viele Kinder zur Zeit der Ostern [!] verschwinden, zur Zeit, da gerade die alten Opfer [wessen?] gefeiert wurden? Volksgenossen! Soll bei uns wieder der *Molochdienst*[1] einreißen, der im Morgenlande täglich Hunderte von zarten Men- 20 schenkindern seit Jahrtausenden verschlang? Vernichtet und tötet alle, die sich gegen die göttliche Ordnung erheben! Es ist höchste Zeit! Fort mit den Verbrechern! . . . „Deutschland uns Deut-

---

[1] Molochdienst = Moloch (hebr.): babylonischer Gott, dem Menschen geopfert wurden; sinnbildlich auch für das Unersättliche

„Hier, Kleiner, hast du etwas ganz Süßes! Aber dafür müsst ihr beide mit mir gehen..."

Zentrum für Antisemitismus-Forschung

◀ Im Verlag „Der Stürmer" erschien 1938 auch das weit verbreitete Kinderbuch „Der Giftpilz", das mit Bildern und Geschichten Judenfeindschaft einüben half.

EinFach Deutsch: Unterrichtsmodell: Es geschah im Nachbarhaus © Schöningh Verlag 2005

25 schen!" ist die Parole. Unsrer reinen Rasse allein, ihr das von Gott bestimmte Land! Und hier sollen Kannibalismus und Molochdienst grassieren? Was meldet das Berliner Tageblatt vom 23. April 1919 aus Rodach in Thüringen? Hier lest es noch-
30 mals:

„Der Schleichhändler Lichtenburg aus Alsleben wurde verhaftet, weil er dreizehn Pfund Fleisch ei-

nes abgeschlachteten elfjährigen Mädchens als Hammelfleisch verkauft hatte!"
Volksgenossen! ... Das Fleisch der rituell ge- 35 schlachteten Kinder Eures eigenen Volkes sollt Ihr nun gar schon selbst verzehren! Auf! Volksgenossen! Auf zur Tat! Wehrt Euch! ...

Aus: Hermann Strack, Jüdische Geheimgesetze,1921, S. 12/13

❏ *„Das Kind haben sie dort in der Scheune gefunden. Ohne Blut" (S. 31) – Zeige unter Verwendung der abgedruckten Text- und Bildquellen (Bild 1), inwieweit sich der historische Befund des „Blutmythos" auch im Schicksal der Waldhoffs als literarische Figuren spiegelt.*

❏ *„Er (...) habe gesehen, wie man ein Kind ins Waldhoff'sche Haus gezogen habe" (S. 153) – Beschreibe und deute die Gestaltungselemente des 2. Bildes vor dem Hintergrund seiner Funktion als Kinderbuchillustration.*

Einfach Deutsch: Unterrichtsmodell: Es geschah im Nachbarhaus © Schöningh Verlag 2005

Vorurteile

Hannah Vogt: Verfolger und Verfolgte im Bann des Vorurteils

Unser ganzes Leben, Wachsen und Reifen besteht darin, dass wir Urteile übernehmen, Erfahrungen machen, sie verallgemeinern, sie dann wieder überprüfen, neue Schlüsse aus vermehr-
5 ter Erfahrung ziehen und so fort. Das ist manchmal recht unbequem. Umlernen ist mit Anstrengung verbunden. Aber es ist die einzige Art und Weise, die einer sich ständig verändernden und differenzierten Wirklichkeit entspricht.
10 Von einem Vorurteil sprechen wir erst dann, wenn ein einmal akzeptiertes Urteil nicht mehr an der Wirklichkeit revidiert, wenn vielmehr starr daran festgehalten wird und widersprechende Tatsachen entweder gar nicht oder allenfalls noch als „Aus-
15 nahmen" zur Kenntnis genommen werden.
Es gibt positive und negative Vorurteile. Das negative Vorurteil richtet sich in der Regel gegen andere Menschen oder Menschengruppen. Positiv aber sind wir fast immer für uns selbst und für die
20 eigene Gruppe eingenommen. Es ist mit Recht gesagt worden: „Niemand wird mit Vorurteilen gegen andere geboren; aber jeder wird geboren mit einem Vorurteil zu seinen eigenen Gunsten." Diese von Selbstliebe diktierte Voreingenommenheit
25 pflegt man in der Sozialpsychologie nicht als Vorurteil zu bezeichnen. Sie ist aber so etwas wie der Mutterboden für Vorurteile. Weil es so leicht ist, jedem einzureden, dass die Speisen, die er von Jugend an gewöhnt ist, die besten sind; dass der
30 Gott, an den er glaubt, der wahre Gott sei; dass die politische Meinung, die er selbst hegt, allein das Heil verbürge und dem „Allgemeinwohl" entspreche; dass das Volk, dem er angehört, mit den vortrefflichsten Eigenschaften und Einrichtungen
35 ausgestattet und dass seine Rasse allein hochwertig und zur Weltherrschaft bestimmt sei, darum ist es zugleich so leicht, ihm das Fremde, das Andere verächtlich zu machen oder zu verteufeln. Man kann die ganze Geschichte der Verfolgung
40 [...] durchgehen und man wird diesen Zusammenhang bestätigt finden.

Wenn man nun die negativen Urteile gegen andere Menschengruppen, die durch Erfahrung nicht mehr zu revidieren sind, näher untersucht, dann erweist es sich, dass sie im Grunde genommen mit Urteilen 45 nur wenig zu tun haben; sie dienen vielmehr dazu, *Haltungen* der Abneigung, der Feindseligkeit, des Hasses zu motivieren. Man hat darum das Vorurteil auch als Affekturteil bezeichnet, wie es sich jeder rationalen Überprüfung entzieht und umso enger mit 50 Affekten, mit Gefühlen, vor allem mit dem Hass verknüpft ist. Wenn man mit jemandem spricht, der ein Vorurteil gegen Gammler hat, dann wird er sofort erregt, er lässt gar nicht mehr „mit sich reden", er wird heftig, ruft „Unerhört!" und unter Hitler habe es das 55 nicht gegeben, der Arbeitsdienst müsse wieder her, man solle die Kerle alle ins KZ stecken usw.
Diese Haltungen sind das eigentlich Dauerhafte, sie sind oft unangreifbar. Der Vorurteilsbehaftete verschanzt sich hinter wechselnden Begründungen. 60
Die folgende Anekdote zeigt das recht lehrreich: „Ein weißer Lastfahrer in Rhodesien fuhr an einer Gruppe von müßigen Eingeborenen vorbei und murmelte: ‚Sie sind faule Viecher!' Wenige Stunden später sah er Eingeborene, die zwei Zentner 65 schwere Kornsäcke auf einen Lastwagen luden und diese Arbeit mit rhythmischem Gesang begleiteten. ‚Richtige Wilde', knurrte er, ‚was kann man von ihnen schon anderes erwarten!'"
Die Starrheit der zugrunde liegenden Haltung und 70 die gleichzeitige Auswechselbarkeit der „Begründungen" macht das Vorurteil so außerordentlich gefährlich. Es ist unzugänglich für Argumente und Diskussionen.
Nach alldem bisher Gesagten können wir bereits 75 den Schluss ziehen, dass das Vorurteil nur wenig mit dem zu tun hat, gegen den es sich richtet, aber viel mit dem, der es hat. Nicht der Verfolgte, sondern der Verfolger ist die Schlüsselfigur. Diese Erkenntnis ist noch keineswegs Allgemeingut. 80

Aus: Hannah Vogt: „Verachtet, gehetzt, verstoßen". Baden-Baden: Signal Verlag Hans Frevert 1968 (gekürztes Vorwort)

1. Was sind Vorurteile? Stelle wesentliche Merkmale aus dem Text von Hannah Vogt zusammen und versuche anschließend eine Definition des Begriffs.

2. Vorurteile gegen andere Völker sind eine altbekannte Sache. Welche Vorurteile sind euch aus eurem persönlichen Lebensumfeld bekannt? Auf welche „Wurzeln" könnten sie zurückgehen? Natürlich haben nicht nur Deutsche Vorurteile. Sind euch, z. B. auf Reisen, bei Angehörigen anderer Völker ähnliche Vorurteile begegnet? Wie habt ihr euch dann verhalten?

EinFach Deutsch: Unterrichtsmodell: Es geschah im Nachbarhaus © Schöningh Verlag 2005

A. Paul Weber: Das Gerücht

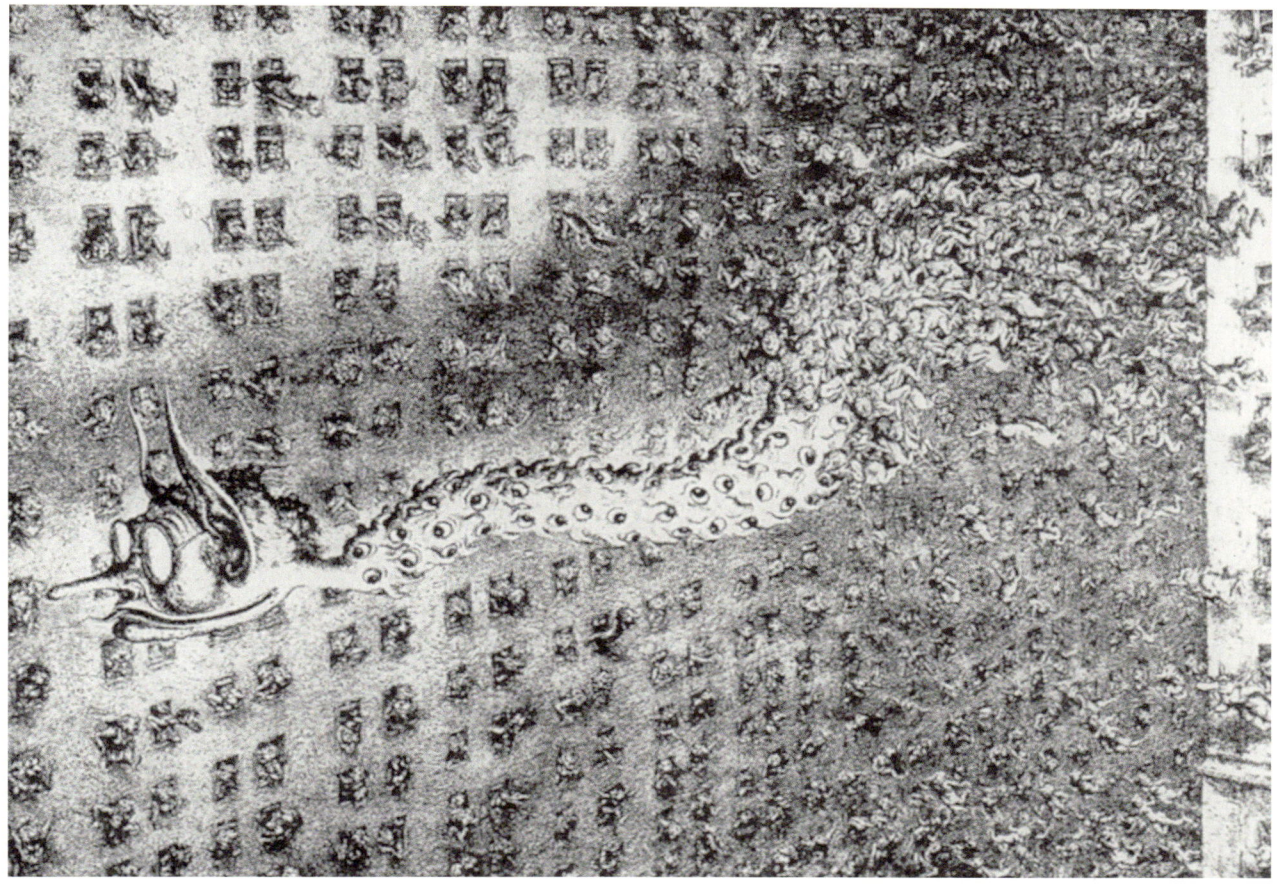

© VG Bild-Kunst

❐ *Beschreibe die Gestaltungselemente des Bildes von A. Paul Weber und deute sie vor dem Hintergrund des Bildtitels.*

❐ *Stelle Bezüge her zu den Vorgängen in Fährmanns Jugendroman „Es geschah im Nachbar-haus", indem du das Bild mit passenden Textzitaten versiehst.*

Ein Standbild entsteht ...

Was ist ein Standbild?

Ein Standbild ist eine „eingefrorene" pantomimische Figurengruppe. Die Darstellung bezieht sich auf ein zentrales <u>Einzel</u>bild aus einem Handlungsausschnitt. Dabei soll Wesentliches über den Charakter der beteiligten Personen und das Verhältnis zwischen ihnen erkennbar sein. Es wird nicht gesprochen: Gestik und Mimik der Figuren sprechen für sich.

Wie baut man ein Standbild?

Ihr könnt folgendermaßen vorgehen:
1. Findet euch zunächst in Kleingruppen zusammen (5–6 Mitglieder).
2. Lest nun gemeinsam den ausgewählten Textauszug.
3. Überlegt, wie das Verhältnis der einzelnen Figuren zueinander ist, notiert eure Vorstellungen von Gestik, Mimik, Körperhaltung und der Stellung der Figuren im Raum.
4. Danach teilt sich die Gruppe in Darsteller und „Standbildbauer" (dabei ist es nicht zwingend notwendig, dass die Jungen Männerrollen, die Mädchen Frauenrollen übernehmen).
5. Die Darsteller werden von dem „Standbildbauer" (unter Berücksichtigung der Vorüberlegungen) in Position gestellt und – ähnlich einer Knetmasse – geformt. Körperhaltung und Stellung der Figuren werden dabei so lange verändert, bis das Bild dem entspricht, was man ausdrücken will.
6. Das endgültige Standbild wird „eingefroren", die Darsteller prägen sich die Schlussfassung genau ein, sodass das Bild vor der Klasse zur Besprechung wieder entstehen kann.
   Ihr solltet euch für die Aktion „Standbild" nicht zu viel Zeit nehmen (max. 20 Min. einschließlich der Vorbesprechung).

Wie bespricht man ein Standbild?

1. Die einzelnen Gruppen bauen nacheinander ihre Standbildvorschläge auf. Der „Standbildbauer" kontrolliert und korrigiert.
2. Jedes Bild bleibt zum Betrachten eine knappe Minute stehen.
3. Dann beschreiben die Betrachter, was sie sehen und was das Bild für sie ausdrückt.
4. Anschließend erklärt die darstellende Gruppe, was sie ausdrücken wollte.

VIEL SPASS beim Experimentieren!

EinFach Deutsch: Unterrichtsmodell: Es geschah im Nachbarhaus © Schöningh Verlag 2005

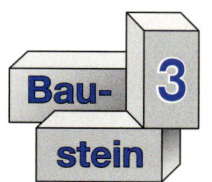

Das Judentum, eine fremde Religion erkunden: Ein Exkurs¹

3.1 ⬚ Sich mit dem Fremden vertraut machen – erste „Kontaktaufnahme"

„Bei euch ist alles anders [...] Ihr habt eine eigene Schrift, eure Toten beerdigt ihr abseits der Stadt, die Gräber sind düster ohne Blumen, am Samstag haltet ihr euren Sonntag. Warum ist das eigentlich so?" (S. 16) – Karl Ulpius spricht gegenüber seinem Freund Sigi das aus, was wohl die meisten christlichen Bewohner der Stadt denken und woraus ihre Vorurteile erwachsen. Obwohl sie die Waldhoffs und die anderen jüdischen Familien seit vielen Jahren als Nachbarn kennen, mit ihnen zusammenleben und schätzen („Waldhoff [ist] ein redlicher Mann [...], ein Bürger unter Bürgern, der sogar 70/71 das Eiserne Kreuz zweiter Klasse bekommen hat [...]", S. 56), ist ihnen das Judentum als Religion verschlossen geblieben. Mangelnde oder fehlende Kenntnisse führen dazu, dass bestimmte Verhaltensweisen fehlinterpretiert werden und sich haltlose Gerüchte verselbstständigen: „Aber betreten hat [Waldhoff] den Friedhof nicht, zischelte Frau Huymann über die Theke hin. Ganz blass soll er geworden sein. Mein Mann sagt, er habe seinen Fuß einfach nicht über die Schwelle des gesegneten Bodens bekommen können" (S. 33) – das allein genügt schon, um als „ein Zeichen" (S. 33) interpretiert zu werden, als deutlichen Hinweis auf Waldhoffs Schuld am Tode Jean Sellers. Dass es der jüdische Glaube verbietet, einen „fremden Friedhof" (S. 22) zu betreten, liefert eine ganz rationale Erklärung, löst als ein für die christliche Bevölkerung fremdes und damit befremdliches Verhalten aber Erstaunen und – als unmittelbare Folge des Unverständnisses – Gerede aus. Auf diese Weise mischen sich Wahrheit und Dichtung zu immer neuen und abenteuerlicheren Spekulationen.

„Bei euch ist alles anders [...]" (S. 16) – wie Karl dürften auch die heutigen Schüler und Schülerinnen bei der ersten Begegnung mit dem Judentum empfinden und auch für sie dürfte die Frage „Warum ist das eigentlich so?" (S. 16) von zentraler Bedeutung sein.

Die religionsgeschichtliche Dimension, die durch die Beschäftigung mit dieser Frage angestoßen wird, eröffnet den Schülern und Schülerinnen die Möglichkeit, über die Personen des literarischen Textes vermittelt, zentrale Elemente des fremden Glaubens kennen zu lernen und den Wert von Gewohnheiten und Traditionen im Leben eines Menschen als Ausdruck seiner Identität zu achten. Auch dazu will Fährmann mit seiner beispielhaften Geschichte provozieren.

Um ein Bewusstsein für die „Andersartigkeit" jüdischen Glaubens zu schaffen, sollte es im ersten Zugriff darum gehen, die Texthinweise zu sichten, die einen Blick eröffnen auf das Spezifische jüdischer Glaubenstraditionen, und – geordnet nach Themenschwerpunkten – diese in einem weiteren Schritt „mit Leben" zu füllen.

---

¹ Als **Exkurs** ist dieser *Baustein* mit seinen *Unterkapiteln* zwar n i c h t fakultativ zu verstehen, weil ein Einblick in die Geschichte und die Tradition des jüdischen Glaubens für das Verständnis des Buches unabdingbar erscheint. Wohl aber ist es möglich, den Grad der Intensität und damit auch die methodischen Zugänge, mit denen man die Schüler an dieses Thema heranführen möchte, zu variieren. Ein projektorientiertes Arbeiten (in Zusammenarbeit mit dem Fach Religion) ist dabei ebenso denkbar wie die durch Leitfragen gesteuerte (kursorische) Lektüre der Textmaterialien auf den Arbeitsblättern, ein Lehrervortrag oder auch eine filmische Dokumentation über religiöse Riten des Judentums (Filmbildstelle). Fakultativ hingegen sind die vorgeschlagenen *Arbeitsaufträge*: Hier können Unterrichtende auswählen oder von Gruppen auswählen lassen, die zur Verfügung stehenden (Text-)Materialien können – je nach Bedarf – durch Lehrer- oder Schülerrecherchen (Stadtbibliothek, Internet) um zahlreiche Beiträge und Bebilderungen ergänzt werden. Als *Präsentationsformen* bei einem eher projektorientierten Arbeiten bieten sich u. a. an: Erstellen eines Readers für die Klassenbibliothek (auch als Informationsquelle für den Religionsunterricht), eine Wandtapete, eine Ausstellung im Schulfoyer oder in Zusammenarbeit mit einer ortsansässigen Buchhandlung.

❐ *„Bei euch ist alles anders" (S. 16) – Findet euch in Kleingruppen (max. 5 Gruppenmitglieder) zusammen und sichtet aus euren Textausgaben die Stellen im Handlungsverlauf, die auf das Besondere der jüdischen Religion(sausübung) verweisen, und versucht, die gefundenen Aspekte nach Themengebieten zu ordnen. Gebt jeweils auch die Fundstellen (Seitenzahlen) an.*

Als Tipp: Nutzt die Kapiteleinteilung des Buches zur arbeitsteiligen Recherche.

Im gemeinsamen Unterrichtsgespräch können die Textbefunde der Gruppen dann gesichtet, in einer Tafelübersicht geordnet und so für die vertiefende Auseinandersetzung vorbereitet werden.

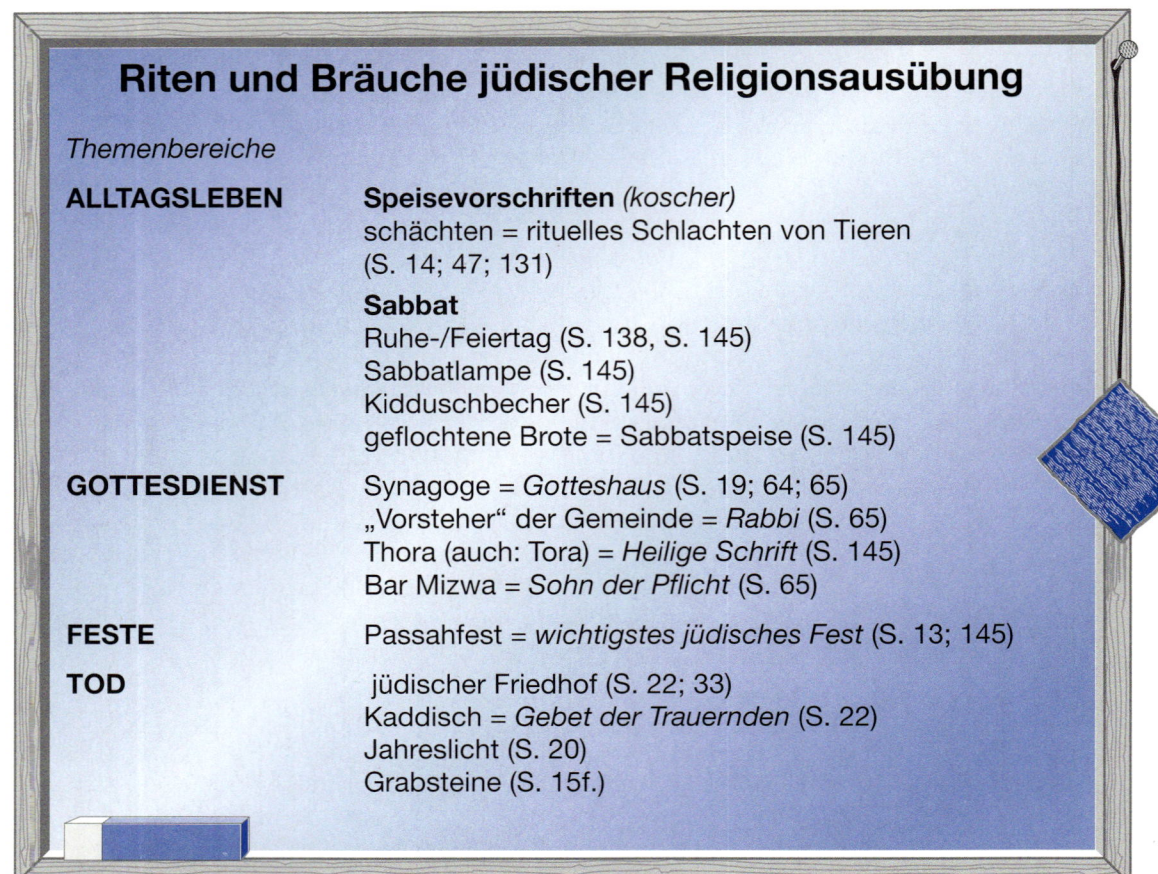

Riten und Bräuche jüdischer Religionsausübung

Themenbereiche

ALLTAGSLEBEN	**Speisevorschriften** *(koscher)* schächten = rituelles Schlachten von Tieren (S. 14; 47; 131)
	Sabbat Ruhe-/Feiertag (S. 138, S. 145) Sabbatlampe (S. 145) Kidduschbecher (S. 145) geflochtene Brote = Sabbatspeise (S. 145)
GOTTESDIENST	Synagoge = *Gotteshaus* (S. 19; 64; 65) „Vorsteher" der Gemeinde = *Rabbi* (S. 65) Thora (auch: Tora) = *Heilige Schrift* (S. 145) Bar Mizwa = *Sohn der Pflicht* (S. 65)
FESTE	Passahfest = *wichtigstes jüdisches Fest* (S. 13; 145)
TOD	jüdischer Friedhof (S. 22; 33) Kaddisch = *Gebet der Trauernden* (S. 22) Jahreslicht (S. 20) Grabsteine (S. 15f.)

3.2 ❐ Religiöses Bekenntnis im Alltag – Jüdische Speisegesetze

„Die Gans ist nach unseren Gesetzen geschlachtet worden" (S. 131) – Das Schlachttier darf nach den jüdischen Gesetzen „kein Blut" (S. 14) mehr enthalten, wenn es für die Speisezubereitung Verwendung findet: „Wenn Vater schlachtet, dann sticht er das Tier so ab, dass es ganz ausblutet. [...] das nennt man schächten" (S. 14). Und so unterzieht Hannah Waldhoff den von Hein Bökeloh am Heiligen Abend gebrachten „Festbraten" (S. 131) einer genauen „Untersuchung": „Mutter schnitt ein Stück der Lunge heraus und hielt es prüfend ans Licht. Kein Blut, murmelte sie" (S. 131).

Gerade im Zusammenhang mit dieser Speisevorschrift, der Tötung der Tiere durch einen „Schächterschnitt" (S. 14), gediehen im Laufe der Jahrhunderte die Gerüchte, die zu den abstrusen Verdächtigungen führten: „Es wird gemunkelt, dass wir Juden das Blut brauchen, um daraus Wein zu machen, den wir beim Passah-Fest trinken" (S. 13) – eine dieser „alte[n], schaurige[n] Lügen[n]" (S. 13), die bei Fährmann zum „Auslöser" für die Hetzkampagne gegen die Familie Waldhoff wird. Allein schon die Tatsache, dass die Juden „kein Blut verwenden [dürfen]" (S. 14), müsste die beharrlich verbreitete Annahme des Ritualmordes bei genauer Betrachtung ad absurdum führen, verweist aber zugleich auf ein ganz entscheidendes Merkmal der Vorurteile, das der Stabilität. Vor-Urteile manifestieren sich nämlich innerhalb des gesellschaftlichen Norm- und Wertesystems immer dann zu Vorurteilen, wenn sie – trotz besseren Wissens – nicht zurückgenommen werden.

Die Informationen des **Arbeitsblattes 7** (S. 48f.) sollen den Schülern und Schülerinnen die Vorschriften der Speisegesetze und deren Bedeutung für die Juden nachzuvollziehen helfen und die Rolle von Lebensmitteln als religiöse Symbole in anderen Traditionen verdeutlichen.

❐ *„Keinen Tropfen Blut, verstehst du!" (S. 14) – Karl versteht noch nicht. Zu fremd erscheint ihm das, was sein Freund Sigi als „unsere Gesetze" (S. 14) bezeichnet. Und doch ist er neugierig geworden auf die Einzelheiten. Schlüpfe in die Rolle Sigis und versuche für Karl etwas „Licht" in die für ihn etwas befremdliche jüdische Lebensweise zu bringen. Benutze dazu die Informationen des Arbeitsblattes 7 und gehe auf folgende Fragen ein:*

- *Was genau versteht man unter „schächten"?*
- *Welche Tiere gelten als „rein", welche als „unrein"?*
- *Aus welchen Gründen sind die Speisevorschriften entstanden?*

❐ *„Quatsch! Großer Quatsch!" (S. 13) – Die emotionalen Zurückweisungen eines Vorwurfs vermögen uns selten zu überzeugen, wohl aber Beweisgründe. Verfasse auf der Grundlage der Zusatzinformationen des Arbeitsblattes 7 eine Entgegnung Sigis auf Karls Einwurf: „Du, sie sagen, ihr Juden braucht Kinderblut" (S. 13), mit der er der zweifelnden Haltung der christlichen Bevölkerung argumentativ begründet entgegenzutreten weiß.*

❐ *„Möhren isst er gern, aber kein Schweinefleisch, Mutter, kein Schweinefleisch" (S. 155). – Sigi ist bei seinem Freund Karl zu Besuch, keine leichte Aufgabe für Karls Mutter, gilt es jetzt doch, einige Speisevorschriften zu beachten. Hilf ihr und stelle einen Essensplan zusammen. Benutze dazu die Informationen des Arbeitsblattes 7.*

3.3 ❐ Teilhabe an der Schöpfungsruhe – Der Sabbat

„Der Sabbat ist ohne Arbeit; Ruhetag" (S. 138) – Kein Tag bestimmt den jüdischen Lebensrhythmus so wie der Sabbat. Das feierliche Begehen dieses Wochentages bedeutet teilzuhaben an der Schöpfungsruhe Gottes und diese Teilhabe in die gesamte Lebenswelt (Familie und Gesellschaft) hineinwirken zu lassen. Der Sabbat, der am Freitagabend nach dem Sonnenuntergang beginnt und bis zum folgenden Sonnabend wiederum bis zum Untergehen der Sonne dauert, legt die übliche, alltägliche Geschäftigkeit still und gibt Zeit, Gottesdienst zu feiern (**Arbeitsblatt 8**, S. 50f.).

Die Familie Waldhoff, besonders Vater Bernhard, gehört einer eher konservativen Richtung des Judentums an und hält sich streng an die religiösen Vorschriften in der Gestaltung ihres Alltags. So ruht nach intensiver Vorbereitung am Freitagabend („Frau Waldhoff und Ruth arbeiteten emsig in der Küche [...] Das Essen musste in die Röhre. Morgen durfte es lediglich auf den Tisch gestellt werden", S. 138) am Sabbat die Arbeit – „alles musste dann für den Ruhetag gerichtet sein" (S. 138). Der Sabbat gehört Jahwe, er ist der „Tag zum Lobe des einen Gottes" (S. 138).

Als Vater Waldhoff erneut in Haft genommen wird („Diesmal hatten sie ihm nicht die Zeit gelassen, seine Angelegenheiten zu regeln", S. 145), übernimmt Hannah Waldhoff die Rolle des Familienoberhauptes: „Verstört standen die beiden Frauen und Sigi um den Tisch. Schließlich entzündete Frau Waldhoff die Kerzen der Sabbatlampe. Sigi sprach den Segen über den Wein im silbernen Kiddúschbecher und über die beiden geflochtenen Brote" (S. 145).

❐ *„Niemand arbeitete an diesem Tag bei Waldhoffs" (S. 138). – Stell dir vor, Karl verbringt nach Schulschluss am Freitag das ganze Wochenende bei seinem Freund Sigi und darf auch an der Sabbatfeier teilnehmen. Was könnte er über seine Erlebnisse in seinem Tagebuch festhalten? Du kannst dazu das Arbeitsblatt 8 zu Rate ziehen.*

☐ *„[A]m Samstag haltet ihr euren Sonntag" (S. 16) – Lies aufmerksam die Informationen zum Sabbat (Arbeitsblatt 8). Stelle dann ein kleines Glossar zusammen, in dem du die zentralen Begriffe rund um den „jüdischen Sonntag" alphabetisch auflistest und ihre Bedeutung mit eigenen Worten erklärst.*

☐ *„Kochen, Fegen, Spielen, das ist Arbeit" (S. 128) – Gestaltet ein Plakat, auf dem zu sehen ist, welche Aktivitäten für Sigi und seine Familie am Sabbat verboten, welche erlaubt sind.*

☐ *„Am Sabbat wird bei mir nicht gearbeitet" (S. 12). – Und wie verbringen die Christen ihren „Ruhetag", den Sonntag? Macht in Kleingruppen eine Umfrage unter euren Mitschülern und heftet die Ergebnisse an eine Pinnwand.*
Was stellt ihr fest hinsichtlich der Bedeutung des „Ruhetages" für die Christen und für die Juden?

3.4 ☐ Glaubensbekenntnis gesprochen und gebaut – Synagoge und jüdischer Gottesdienst

„Sechs Uhr Synagoge" (S. 19) – Ähnlich einer christlichen Kirche ist die Synagoge für die Juden der Ort des Gottesdienstes, aber auch der Versammlung (vgl. S. 65) und des Thorastudiums als Form der religiösen Unterweisung. So wie es unter den Christen regelmäßige Kirchgänger, aber auch Gläubige gibt, die für sich entschieden haben, an Gottesdiensten selten (etwa zu kirchlichen Feiertagen) oder gar nicht teilzunehmen, so wird offenbar auch in Waldhoffs Gemeinde „die Synagoge [...] von einigen gemieden" (S. 65), in den Augen des konservativen (orthodoxen) Bernhard Waldhoff sind das die so genannten „Liberalen" (S. 65).

Zielsetzung der Beschäftigung mit den Materialien der **Arbeitsblätter 9 – 12** (S. 52ff.) ist es, die Schüler und Schülerinnen mit den Besonderheiten des Gotteshauses für die Gemeinde vertraut zu machen und ein Bewusstsein zu wecken für bestimmte Symbole als wichtige Bestandteile gelebter Religion.

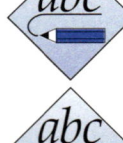

☐ *„Sigi drückte den Türflügel nach innen" (S. 164) – Türen laden ein ... : Für Sigi ist „die größte und älteste Kirche im Land ringsum" (S. 164) ein „wundervolles Bauwerk" (S. 164) und ähnlich dürfte Karl beim Besuch einer Synagoge empfinden. Welche Entdeckungen können beide im Gotteshaus des jeweils anderen machen? Worin unterscheiden sich die „Heiligen Räume"? Gibt es auch Gemeinsamkeiten? Schlüpft jeweils in die Rolle von Karl und Sigi und betätigt euch als „Fremdenführer".*

☐ *Informationen zur Gestaltung einer christlichen (katholischen) Kirche[1] und einer Synagoge findet ihr auf den Arbeitsblättern 9 und 10. Fasst die wichtigsten Informationen stichwortartig zusammen.*

☐ *Informiert euch, ob es in oder in der Nähe eurer Heimatgemeinde eine Synagoge gibt oder gab. Sammelt Informationen über ihre Geschichte und stellt sie auf einem Plakat vor. Das Internet kann euch vielleicht wertvolle Hinweise geben, aber auch der Besuch des Stadtarchivs, der Stadtbücherei oder des Archivs der örtlichen Zeitungen können sich lohnen.*

☐ *Versucht (vielleicht mithilfe eures Religionslehrers) einen Besuch in einer Synagoge zu organisieren. Bei einer sachkundigen Führung könnt ihr eine Menge interessanter Dinge „aus erster Hand" erfahren.*

Sigi ist nach Vollendung seines 13. Lebensjahres das jüngste „Vollmitglied in der Gemeinde" und nach seiner „Bar-Mizwa" (S. 65) – der Konfirmation der evangelischen Christen

---

[1] Handlungsort der Geschichte ist eine Kleinstadt am Niederrhein, in der Geschichte selbst ist die Rede von einem „Kaplan" und einem „Dechanten" (S. 81), die Männer beten auf dem Weg zur Beisetzung Jean Sellers den „Rosenkranz" (S. 22), Karl entzündet eine Kerze vor der „Muttergottesstatue" (S. 155), damit ist davon auszugehen, dass Karl *katholischer* Christ ist.

ähnlich – „ein Sohn der Pflicht" (S. 65) und damit angehalten, nach den traditionellen Glaubensregeln der jüdischen Religionsgemeinschaft aktiv zu leben und diese weiterzugeben. Jetzt gehört er zu denen, die „in der Synagoge sprechen" (S. 65) und im Innenraum am Gottesdienst teilnehmen dürfen: „Er saß nun auf dem letzten Platz und konnte Herrn Pfingsten, dem Vorsteher, gerade ins Gesicht schauen" (S. 65).

❑ *„Den Segensspruch durfte [Sigi] in der Synagoge sprechen" (S. 65) – „Karl kniete lange im Dämmerlicht und betete" (S. 155): Informiere dich über Sinn und Bedeutung der Bar-Mizwa (**Arbeitsblatt 11**, S. 55) und überlege, welche Parallelen und Unterschiede es zur Konfirmation in der evangelischen oder zur Kommunion in der katholischen Kirche gibt.*

Für Sigi ist der Gottesdienst in der schwierigen persönlichen Situation so etwas wie ein Zufluchtsort. In den Gebeten, besonders in den „Psalmen" (S. 64) findet er seine Not gespiegelt. Erst durch die eigene Betroffenheit vermag er den Inhalt der Psalmen – „sonst ein Buch mit sieben Siegeln" (S. 64) – für sich zu entschlüsseln, erst im eigenen Erleben bekommen die Inhalte der Psalmverse „mit einem Mal Gewicht" (S. 64).

❑ *„Erbarme dich meiner, oh Herr" (S. 64), das Psalmwort als stummer Hilferuf in einer quälenden (Not-)Lage, deren Ende noch nicht absehbar ist: „[...] geprügelt meine Seele, du Herr, wie lange noch?" (S. 64)*

   – *Was könnte Sigi während des Gottesdienstes alles durch den Kopf gehen? Verfasse einen inneren Monolog.*
   – *Ist es dir auch schon einmal ähnlich wie Sigi ergangen, dass dir ein Text, ein Buch, ein Lied oder Gebet erst in der eigenen Situation „etwas zu sagen hatten"? Wenn du magst, erzähle von deinen persönlichen Erfahrungen.*

❑ *„Ich bin geworden wie ein zerbrochenes Gefäß" heißt es in Psalm 31,13 – so fühlt sich sicher auch die Familie Waldhoff – jeder auf seine Weise. Fülle die „Scherben" auf dem **Arbeitsblatt 12**, S. 56 mit den Gefühlen der Familienmitglieder. Du kannst dazu verschiedenfarbige Stifte verwenden.*

❑ *„Niemals zuvor hatte Sigi so beten können wie an diesem Abend in der Synagoge" (S. 64). – Gestalte zu Sigis innerer Befindlichkeit ein Bild oder eine Collage. Farben, Formen, Materialien, aber auch Texte und Textfragmente können deiner Sicht auf Sigis „Seelenzustand" Ausdruck verleihen.*

3.5 ❑ Erinnerung an Leiden und Verheißung – Das Passahfest

„Sie erzählen überall, dass ihr [das Blut] für euren Passah-Wein nötig habt" (S. 13) – Die enge Verbindung zwischen den Ritualmordvorwürfen und dem Passahfest lässt es sinnvoll erscheinen, den Schülern und Schülerinnen die besondere Bedeutung dieses Festes nahe zu bringen, mit dem die jüdischen Gemeinden in aller Welt an den Auszug der Israeliten aus dem Land der Pharaonen, an die Befreiung aus der Sklaverei und die Verheißung Gottes an sein auserwähltes Volk erinnern (vgl. **Arbeitsblätter 13 und 14**, S. 57ff.). Über den genauen Verlauf des Festes erfährt der Leser nichts, wohl aber wird sein zentraler „Sitz" und seine tiefe Verwurzelung in der jüdischen Glaubenstradition deutlich, wenn es beim letzten Sabbatmahl der Familie Waldhoff vor dem Aufbruch aus der Heimatstadt heißt: [Frau Waldhoff] erhob sich schwerfällig, ging in die gute Stube und trug die Thorarolle herein, die sie von ihrem Vater geerbt hatte. Es war eine sehr alte Schrift, die durch viele Generationen in der Familie von zittrigen, faltigen Händen in glatte, jüngere weitergegeben worden war. Bislang hatte Waldhoff aus dieser kostbaren Schrift nur vorgelesen, wenn sie beim Passahfest zusammensaßen und feierten. Frau Waldhoff bezeichnete den Abschnitt. Sigi las vor" (S. 145).

❑ *„[...] wenn sie beim Passahfest zusammensaßen und feierten" (S. 145) – Informiere dich über die Bedeutung und den Ablauf des Passahfestes (Arbeitsblatt 13) und verfasse für die Schülerzeitung einen Bericht zum Thema: Andere Völker – andere Feste: Das Passahfest der Juden.*

Das Seder-Mahl ist wesentlicher Bestandteil des Passahfestes, bei dem jedes Wort, jede Geste, jede Speise eine symbolische Bedeutung haben.

❑ *„Ich führe euch unter den Lasten Ägyptens heraus, ich rette euch aus ihrem Dienst [...] (Exodus 6,6f.) – Zeichne eine Seder-Platte mit den dazugehörenden Speisen und erkläre ihre symbolischen Bedeutungen. Du kannst dazu die Informationen von Arbeitsblatt 13 verwenden.*

❑ *Wenn ihr selbst einmal eine der Passah-Köstlichkeiten zubereiten möchtet, findet ihr das Rezept für Nuss- und Weintrauben-Plätzchen auf dem Arbeitsblatt 14 zusammen mit dem Lied „Ja'a se shalom", das häufig beim Fest gesungen wird.*

Beim Lesen aus der Thorarolle bemerkt Sigi, „dass die Mutter den Bericht vom Auszug des geknechteten Volkes aus Ägypten ausgewählt hatte" (S. 145).

❑ *Überlegt, was die Bibelstelle mit der persönlichen Situation der Waldhoffs zu tun hat und warum Sigi beim Lesen erst an der Textstelle einhält, „die schildert, wie der Pharao Rosse und Reiter rüstete und sich aufmachte das fliehende Volk zu verfolgen" (S. 145). Welche Ereignisse im weiteren Handlungsverlauf des Buches erinnern an die „Gegenwehr" des Pharaos aus der biblischen Geschichte?*

Der Auszug aus Ägypten ist die religionshistorisch verbriefte „Spiegelbildgeschichte" zur Situation der Familie Waldhoff, die sich nur durch den „Auszug" aus der Heimatstadt („Wenn der Sabbat vorüber ist, werden wir ziehen", S. 145) aus dem Teufelskreis der Unterdrückung und der Ausgrenzung befreien kann: „‚Nur weg von hier, nur weg!' Ruth sprang auf. Der Gedanke, dass sie diesem Ort bald den Rücken kehren würden, belebte sie. Auch Sigi atmete auf" (S. 145). Der Hinweis auf die Verfolgung der Israeliten durch den Pharao verweist aber auch zugleich auf den „Verfolger" der Waldhoffs, der aber im Gegensatz zu „Pharao[s] Rosse[n] und Reiter" (S. 145) gestaltlos bleibt: „Aber das *Gerücht* hat uns eingeholt. Es ist schneller als jede Flucht" (S. 161) – und im Vergleich zu den Reitern des Pharaos offenbar auch unaufhaltsam.

3.6 ❑ Einzug in das „Haus des Lebens" – Jüdische Trauergebräuche

„Warum habt ihr den Friedhof nicht betreten?" (S. 33) – Unverständlich bleibt der christlichen Bevölkerung das Verhalten der Waldhoffs nach dem Auffinden der Leiche. Im Gegensatz zu den Nachbarn werfen sie keinen Blick auf den toten Jean Seller, bei der Beerdigung folgen Bernhard und Sigi zwar dem Leichenzug und sprechen „leise das Kaddisch-Gebet" (S. 22), während die anderen Trauergäste „die Perlen des Rosenkranzes durch die Finger gleiten ließen" (S. 22), als gläubige Juden aber betreten sie den christlichen Friedhof nicht. Als sich später auch der Kriminalkommissar aus Düsseldorf darüber erstaunt zeigt, erklärt Sigi: „Wir sind vom Stamm Levi, Herr Kommissar. Wir gehen nur zu Toten aus unserer nächsten Verwandtschaft" (S. 33).

Unsere Schüler und Schülerinnen haben in der Regel („christliche") Friedhofserfahrungen. Sie haben an Trauerfeiern und Bestattungen teilgenommen, besuchen gelegentlich Gräber verstorbener Angehöriger oder kennen zumindest Friedhöfe als besondere Orte sowie deren eigentümliche „Einrichtungsgegenstände". Ob ihnen allerdings die Elemente und Abläufe von Trauerfeiern und Bestattungen der („christlichen") Friedhofkultur und deren symbolische Gehalte genauer bekannt sind, kann eher bezweifelt werden. Dies gilt wohl auch für deren religiöse Wurzeln. Erfahrungen mit jüdischen Friedhöfen haben sie demgegenüber wohl eher selten, mit jüdischen Trauer- und Bestattungsriten noch seltener. Am ehesten wissen sie vielleicht von der Existenz eines jüdischen Friedhofs vor Ort oder in der näheren Umgebung, unter Umständen haben sie einen solchen schon einmal gesehen oder betreten (vgl. **Arbeitsblätter 15 und 16**, S. 60ff.).

❑ *„[...] du bist schon so alt und weißt nicht, dass ein Jude keinen fremden Friedhof betritt?"* (S. 22) – Welche Einblicke gibt dir das Informationsmaterial der Arbeitsblätter 15

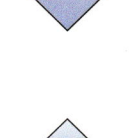

und 16 in den jüdischen Totenkult und die Art und Weise, wie man der Verstorbenen gedenkt? Liste die Aspekte auf, die dir am wichtigsten erscheinen, und versuche dabei auch Verbindungen herzustellen zu christlichen Trauergebräuchen. Worin finden sich Gemeinsamkeiten, worin Unterschiede? Du kannst zur besseren Übersicht auch tabellarisch arbeiten.

❑ *„Seltsame Zeichen zeigte der Stein [...] Eine gespreizte Hand erkannte er" (S. 15) – Die jüdischen Grabmale werden mit ihren Ornamenten für die Besucher zu „sprechenden Steinen", die ihren Symbolgehalt zu entschlüsseln vermögen. Arbeitsblatt 16 zeigt einige der gebräuchlichsten Ornamente. Findet euch in Kleingruppen zusammen (max. 4 Teilnehmer) und versucht zunächst, einige Elemente der Darstellungen zu „entschlüsseln". Weitere Informationen könnt ihr dann im Internet recherchieren: http://www.payer.de/judlink.htm oder über „Google" unter dem Stichwort „jüdische Grabsteine, Ornamente" den Link „Haus des Lebens" anklicken.*

Notizen

_____

_____

_____

_____

_____

_____

_____

_____

_____

_____

_____

_____

_____

_____

_____

_____

_____

_____

_____

_____

_____

_____

_____

Die Speisevorschriften

Die Speisevorschriften sind uralt und gehen bis auf die Anfänge Israels zurück. Diese Vorschriften regeln, welche Nahrungsmittel aus ritueller Sicht erlaubt und welche verboten sind. In der Urzeit
5 war der Mensch offensichtlich Vegetarier: „Und Gott sprach: Sehet da, ich habe euch gegeben alle Pflanzen, die Samen bringen, zu eurer Speise." (1 Mose 1,29) Der Genuss tierischer Nahrung wurde dem Menschen nach der Sintflut gestattet. No-
10 ahs Nachkommen durften tierisches Fleisch essen: „Alles, was sich regt und lebt, das sei eure Speise; wie das grüne Kraut habe ich's euch gegeben" (1 Mose 9,3). Allerdings mit einer Einschränkung: „Jedoch lebendiges Fleisch, mit sei-
15 nem Blut noch verbunden, sollt ihr nicht essen." Das heißt, Tiere dürfen nicht gerissen werden, sondern müssen zum Verzehr geschlachtet werden, und das Fleisch darf kein Blut mehr enthalten. Daher die Schechita (Schächtung), die bis
20 heute zu allerlei verworrenen Geschichten geführt hat und den Juden als eine besonders grausame Form des Tiereschlachtens zum Vorwurf gemacht worden ist. Tatsächlich verstößt ein sachgerecht durchgeführtes Schächten keineswegs gegen
25 den ethisch gebotenen Tierschutz. Verglichen mit den allgemein üblichen Methoden des Schlachtens in Schlachthöfen ist das Schächten keineswegs grausam. Das Tier stirbt nahezu schmerzlos, ohne Qual. Durch den blitzschnell aus-
30 geführten Schnitt mit einem langen haarscharfen Messer durch die Luft- und Speiseröhre des Tieres tritt eine fast unmittelbar folgende Betäubung ein. Durch die Blutleere im Gehirn spürt das Tier die Ausblutung nicht mehr. Der Schächter, ein an-
35 erkannter Fachmann, muss die fürs Schächten verbindlichen Bestimmungen sorgsam beachten, sonst kann das Ergebnis nicht als koscher bezeichnet werden. Nach der Schächtung finden noch Untersuchungen des geschlachteten Tieres
40 statt und eine eingehende Fleischbeschau, ehe das Fleisch in die koscheren Metzgereien gegeben werden kann. Dort findet nochmals eine Behandlung statt; Fett und Talg werden entfernt. „Alles Fett ist für den Herrn", heißt es in der Tora
45 mit Bezug auf den Opferdienst im Tempel. Zum Koschermachen gehört auch, das Restblut aus dem geschlachteten Tier zu entfernen, denn der Genuss von Blut ist strengstens verboten. Blut ist Träger des Lebens. Der Metzger muss also por-
50 schen, d. h., Adern und Häute werden herausge-

trennt. Erst dann darf das Fleisch an jüdische Haushalte verkauft werden, wo die Hausfrau den letzten Schritt des Rituals vornimmt. Sie wässert und salzt das Fleisch, damit auch der letzte Tropfen Blut herausgetrieben wird. Jetzt erst ist das 55 Fleisch eines geschlachteten Tieres „koscher", rituell zum Verzehr erlaubt. Koscher (jüdisch-deutsch) oder kascher (hebräisch) bedeutet für den Genuss des Menschen tauglich, den Ritualvorschriften genügend. Dabei unterscheidet die 60 Tora zwischen „reinen" und „unreinen" Tieren für den Verzehr. Unrein hat hier nicht die Wortbedeutung „widerlich", „schmutzig", „abscheulich", sondern heißt schlicht: rituell nicht erlaubt. Grundsätzlich als Nahrung zugelassen sind Säu- 65 getiere, Vögel, Fische. Als „rein" und damit als Nahrungsmittel erlaubt, gelten unter den Säugetieren nur die Wiederkäuer mit gespaltenen Hufen; alle anderen Säugetiere dürfen nicht verzehrt werden, z. B. kein Hase, kein Kamel, kein Schwein. 70 Das Schwein hat zwar gespaltene Hufe, ist aber kein Wiederkäuer, und das Kamel ist zwar Wiederkäuer, hat aber keine gespaltenen Hufe. Von den Fischen gelten nur solche als „rein", die Schuppen und Flossen tragen. Das heißt, Delikatessen wie 75 Aale, Austern, Krebse sind verboten. Schwierig ist die Beurteilung von „rein" und „unrein" (tamé) bei den Vogelarten. Die Tora nennt 24 Arten, die nicht verzehrt werden dürfen, enthält aber darüber hinaus keine detaillierten Anweisungen. Zu den „un- 80 reinen" Vogelarten gehören alle Aasfresser, alle Reiherarten, Storch, Wiedehopf und Fledermaus. Aufgrund der genauen Kenntnis der Tiere und langer Erfahrung und auch im Wissen, dass sie nach der Tora nicht verboten sind, gilt aus ritueller Sicht 85 das übliche Geflügel als erlaubt: Hühner, Enten, Gänse, Truthähne, auch Fasane und Tauben. Verboten als menschliche Nahrung sind Würmer und Insekten, wobei es bei den Insekten die Ausnahme gibt, dass vier Heuschreckenarten erlaubt 90 sind; sie kommen indes heute in der Natur nicht mehr vor. Trotzdem hat das Verbot von Würmern und Insekten weiterhin Sinn, schließlich finden sich diese Tierchen nicht selten zwischen Salat- und Gemüseblättern. Daraus folgt, dass Pflanzen 95 vor dem Kochen sorgfältig untersucht und geputzt werden. Produkte von lebenden Tieren dürfen verzehrt werden, beispielsweise Eier, wenn auch das Fleisch dieser Tiere als Nahrung erlaubt ist. 100

Einfach Deutsch Unterrichtsmodell: Es geschah im Nachbarhaus © Schöningh Verlag 2005

„Du sollst ein Böcklein nicht in der Milch seiner Mutter kochen", heißt es im 1. Buch Mose 23, 19. Daraus ergibt sich ein prinzipielles jüdisches Speisegesetz, nämlich Fleischiges nicht mit Milchigem
105 zu kochen, also zwischen Fleisch- und Milchspeisen strikt zu trennen und dafür auch getrenntes Kochgeschirr und Besteck vorzuhalten. Diese Trennung bezieht sich auch auf den Verzehr, Fleisch und Milch dürfen nicht bei ein und derselben Mahlzeit eingenommen werden. Mit anderen
110 Worten: Ein koscherer jüdischer Haushalt besteht gewissermaßen aus zwei Küchen, um das Verbot der Vermischung von Basar we Chalaw (Fleisch und Milch) zu gewährleisten. Wiewohl es hinsichtlich von Geflügel in der Tora keine detaillier-
115 ten Angaben gibt, wird nach der Tradition Geflügel wie Fleisch behandelt. Fisch dagegen ist kein Fleisch, er kann also auch mit Milch zubereitet werden. Vor dem erstmaligen Gebrauch werden Küchengeschirr und Essservice sowie Bestecke
120 geweiht, in fließendes Wasser gegeben im rituellen Bad der Gemeinde, der Mikwe. Auch dies ist eine religiöse Handlung, bei der die Frau einen Se-

gensspruch spricht. In der nichtjüdischen Welt wird häufig angenommen, die Speisevorschriften 125 der Juden seien einst aus gesundheitlichen, sprich hygienischen Gründen den Menschen verordnet worden. Das stimmt so nicht. Zwar sind die Speisegesetze nicht anti-hygienisch, und manche mögen sogar einen ausgesprochen gesundheits- 130 fördernden Effekt haben, aber geschaffen wurden diese Vorschriften aus tief empfundener Religiosität. „Rein" und „unrein", so wurde schon ausgeführt, bedeuten in diesem Zusammenhang nicht „sauber" und „schmutzig", vielmehr zum 135 Verzehr für den Menschen erlaubt bzw. verboten. Verboten von Gott, d. h. mit einem Tabu belegt. Das kennen wir auch aus anderen Kulturen, sogar aus unserer eigenen. Bei den Germanen galt das Pferd als heiliges Tier, ein Tabu, das auch nach der 140 Christianisierung noch weiter fortwirkte, unbewusst bis heute, da der Genuss von Pferdefleisch bei uns im Gegensatz zu anderen Ländern nicht weit verbreitet ist.

Aus: Paffenholz, Was macht der Rabbi den ganzen Tag? Das Judentum. Düsseldorf, Patmos Verlag, 2. Aufl. 1996, S. 154ff.

Der Schabbat

Herzmitte der jüdischen Religion ist der Schabbat, seine Einhaltung ist ein Gebot. „GEDENKE des Schabbattages, um ihn zu heiligen" (Ex 20,8), und: „BEWAHRE den Schabbattag und heilige ihn"
5 (Dtn 5,12).

In dieser doppelten Form – „gedenke" und „bewahre" – ist die Feier des Schabbat dem jüdischen Menschen aufgetragen. Auch die Begründung dafür ist eine doppelte: Wie der Schöpfergott am
10 siebten Tag seines Schöpfungswerks aufatmend ausgeruht hat, so soll auch der Mensch an diesem einen Tag der Woche Abstand nehmen nicht nur von aller Geschäftigkeit, sondern auch von aller produktiven und kreativen Tätigkeit. Im Verzicht
15 auf jede Art des „Hervorbringens" bekennt der jüdische Mensch, dass Gott der Vollbringer und Vollender alles menschlichen Tuns ist. In dieser Einsicht liegt der Sinn des Schabbatgebots, das sich dem Blick von außen nur als „Verbot" dar-
20 stellt. In Wirklichkeit ist es der schützende „Zaun", der die von Gott geschenkte Freiheit hütet. Die Freiheit des Schabbat ist das Freisein vom „Sklavendienst", von der Versklavung durch die Arbeit. Daran erinnert vor allem die Begründung des Ge-
25 bots im Deuteronomium: „Und gedenke, dass du Knecht warst im Lande Ägypten, und dass dich der Herr, dein Gott, mit starker Hand und ausgestrecktem Arm von dort herausgeführt hat" (5,15). Der Schabbat ist der Tag des Aufatmens für alle,
30 auch für die Lohnsklaven, die Gastarbeiter und die Fremdlinge. Er ist der Tag des Aufatmens auch für die Schöpfung: „... damit ausruhe (auch) dein Ochse und dein Esel" (Ex 23,12). Der Schabbat ist die Wiederherstellung der ursprünglichen Schöp-
35 fungsordnung und die „Vorwegnahme des Weltfriedens" (Robert Raphael Geis); er ist das Angeld auf den endgültigen Schalom.

Während im christlichen Sonntag traditionsgemäß der Kirchgang mit seinem Gottesdienst der Mittel-
40 punkt ist, vollzieht sich die Feier des Schabbat mitten in der Familie, nicht in der Synagoge. Die Synagoge hat keinen Altar, denn sie ist im Grunde kein Sakralbau, sondern ein „Haus der Versammlung", in dem gebetet und gelernt wird. „Der
45 Altar des Judentums ist der Tisch des jüdischen Hauses" (Robert Raphael Geis). Während sich die Männer zu Beginn des Schabbat – am Freitagabend – zum vorgeschriebenen Gebet in der Synagoge versammeln, bereiten die Frauen das festliche Schabbatmahl vor. Vor Einbruch der Dun-
50 kelheit, d. h. bevor die ersten drei Sterne am Himmel stehen, entzündet die Hausfrau die Schabbatkerzen und spricht den Kerzensegen. Von diesem Augenblick an darf nicht mehr gearbeitet werden.
55

Das festliche Mahl wird durch eine Reihe von Zeremonien eröffnet. Nach dem Gruß „Schabbat Schalom" bekunden die aus der Synagoge Heimkehrenden ihre Freude über den Glanz des festlichen Tisches. Der Hausvater rezitiert deswegen
60 das „Lob der tüchtigen Frau" aus dem Buch des Predigers (31, 10 – 31). Nach der Segnung der Kinder folgt die Zeremonie zur „Heiligung" des Tages: Der Hausvater spricht den Segen über den Wein; er erhebt den Becher und singt das „Kiddusch".
65 In solcher Heiligung des Alltags, die alles Profane in den Gottesdienst mit einbezieht und dadurch selbst zum Gottesdienst macht, sieht der jüdische Mensch seinen eigentlichen Auftrag. Wenn der Hausvater nun das Brot bricht und die Familie
70 sich zu Tisch setzt, weiß sie, dass sie eine „mizwa" tut, eine „gute Tat", etwas Gott Wohlgefälliges, die Erfüllung eines Gebotes. Es gibt hierbei keine Trennung zwischen Geistigem und Leiblichem. „Sie aßen und tranken und schauten Gott",
75 heißt es von Mose und den Ältesten auf dem Berg Sinai (Ex 24,11).

Wenn am Samstagabend die ersten drei Sterne am Himmel stehen, ist der Augenblick des feierlichen Abschieds vom Schabbat gekommen. Die-
80 ser Augenblick ist nicht ohne Wehmut. Wieder versammelt sich die Familie um den Tisch, diesmal zur „Hawdala": zur Zeremonie der „Scheidung zwischen Heiligem und Alltäglichem, [...] zwischen dem siebenten Tag und dem Sechsta-
85 gewerk". Zuerst wird eine geflochtene (doppelte) Kerze angezündet zum Zeichen dafür, dass wieder gearbeitet werden darf. Gleichzeitig soll das Entzünden des Lichts an die Erschaffung des Lichts am Beginn der Schöpfungswoche erinnern.
90 Danach wird ein Becher Wein bis zum Überfließen gefüllt: So reichlich möge Gottes Segen in die neue Woche hinüberfließen. Auf dem Tisch steht die Bessamimdose, eine Büchse mit wohlriechenden Gewürzen. Sie wird herumgereicht, da-
95 mit alle ihren Duft einatmen, den Duft des Schabbat, um ihn mitzunehmen in die neue Woche. Nach einer anderen Erklärung erhält der Mensch

EinFach Deutsch: Unterrichtsmodell: Es geschah im Nachbarhaus © Schöningh Verlag 2005

am Schabbat eine zweite Seele; ihre am Ausgang
100 des Schabbat zurückbleibenden Spuren werden
wahrgenommen in diesem sich ausbreitenden
Duft.

Danach spricht man den „Scheidespruch": „Gelobt seist Du, unser Gott, König der Welt, der Du
105 unterscheidest zwischen Heiligem und Unheiligem, zwischen Licht und Finsternis, zwischen
dem siebenten Tag und den sechs Tagen der Arbeit. Gelobt seist Du, Ewiger, der Du unterschei-

dest zwischen Heiligem und Unheiligem." Nun
wird die Kerze mit der Neige aus dem Weinbecher 110
gelöscht. Ehe man mit der jetzt wieder erlaubten
Arbeit beginnt, wünscht man sich gegenseitig eine gute Woche bis zur Wiederkehr der „Königin
Schabbat" und zum erneuten Entzünden des
Schabbatlichtes.
115

Aus: Stegemann/Eichmann, Jüdisches Museum Westfalen, Dokumentationszentrum und Lehrhaus für jüdische Geschichte und Religion in
Dorsten. Ein Beitrag zur Geschichte der Juden in Westfalen. Katalog
1992, S. 147f.

Die Synagoge – Ort der Versammlung und der Lehre

Betreten wir eine Synagoge, fällt unser Blick auf das Kopfende des Raumes, der in Europa nach Osten ausgerichtet ist. Der Grund hierfür ist, dass man sich beim Gebet in Richtung nach Jerusalem
5 wenden soll.

An der Ostwand befinden sich – zumeist erhöht durch einige Stufen – der Schrank oder Schrein, in dem die Torarollen aufbewahrt sind, und die Kanzel, von der aus gepredigt wird.
10 Der Toraschrein, der etwa 2–3 m hoch ist, ist zur Gemeinde hin durch einen Vorhang aus besticktem Samt oder Seide abgeschlossen. Vor ihm brennt das ewige Licht. Die Torarolle enthält die auf Pergament geschriebenen fünf Bücher Mose.
15 Die mit der Hand beschriebenen Pergamentblätter sind aneinandergenäht und auf zwei runde Stäbe gewickelt, auf die man oft silberne Kronen setzt. Zur Schriftlesung öffnet man den Vorhang, holt in feierlicher Prozession eine Rolle aus dem
20 Schrein, nimmt sie aus dem sie umgebenden Stoffmantel und legt sie auf ein großes Pult, das sich zumeist in der Mitte des Raumes befindet. Mithilfe eines silbernen Zeigestabes wird der Text Zeile für Zeile gelesen.
25 In der Synagoge sitzen die Männer auf den Bänken und blicken auf den Toraschrein. Für die Frauen gibt es einen besonderen Raum, von dem sie das Geschehen während des Gottesdienstes verfolgen können. Meistens ist es eine Empore oder
30 Galerie. Die Männer tragen in der Synagoge eine Kopfbedeckung.

An der Seite des Hauptraumes, der im Übrigen keinen Schmuck aufweist, oder in Nebenräumen, sind oft ein langer Tisch und Bänke aufgestellt.
35 Man findet dort Werke der rabbinischen Literatur, aus denen man vor oder nach dem Gottesdienst lernt. Die Synagoge ist zu allen Zeiten auch ein Lehrhaus gewesen, im deutschsprachigen Raum hat man sie früher oft als „Schul" bezeichnet. Die
40 Synagoge ist darüber hinaus der Platz, wo sich soziale Funktionen, die für das Weiterbestehen jüdischer Gemeinden wichtig waren, besonders klar erkennen lassen. Sie war immer der Sammelplatz, zu dem sich auch ortsfremde Juden am Vorabend des Sabbats begaben. Ein besonderes religiöses 45 Verdienst besteht darin, Alleinstehende nach dem Gottesdienst in die Familien einzuladen.

In Synagogen, in denen eine liberale[1] Richtung der kultischen Ausübung vertreten wird, sitzen Männer und Frauen während des Gottesdienstes zu- 50 sammen. In diesen Synagogen tragen die Männer keine Kopfbedeckung; häufig ist eine Orgel anzutreffen. Vor allem in den USA ist diese liberale Richtung (Reformjudentum) stark vertreten.

Aus: Freimark u. a. (Hrsg.), Große fremde Religionen © Schroedel Verlag, Braunschweig in der Bildungshaus Schulbuchverlage Westermann Schroedel Diesterweg Schöningh Winklers GmbH, S. 15ff.

_____
[1] liberal = Gegensatz zu: traditionell: Formen der Religionsausübung, die die Umsetzung der Vorschriften weniger streng handhaben; deshalb spricht man auch vom liberalen oder Reformjudentum im Gegensatz zum orthodoxen Judentum.

Beim Lesen der Thora
KNA-Bild, Bonn

EinFach Deutsch: Unterrichtsmodell: Es geschah im Nachbarhaus © Schöningh Verlag 2005

Gegenstände in einer katholischen Kirche

Der Altar

[...] Der Altar ist die Mitte, das Zentrum jeder katholischen Kirche. Er steht für die Gemeinschaft der Glaubenden und soll an den Tisch erinnern,
5 an dem Jesus mit den Aposteln das Letzte Abendmahl feierte. Hier wandelt der Priester die Hostien und den Wein in „Leib Jesu" und „Blut Jesu".

In älteren katholischen Kirchen sieht man vorne,
10 im Chorraum, meistens zwei Altäre, einen so genannten Hochaltar, der direkt an der Wand steht und in die Höhe ragt, und einen Altar, der sich in der Mitte des Chorraumes befindet. Um diesen Altar kann man herumgehen. Im Hochaltar befindet
15 sich oft der Tabernakel, in dem die geweihten Hostien aufbewahrt werden und von den Gläubigen verehrt werden können. [...]

Für den Gottesdienst wird der Altar mit einem Leinentuch bedeckt. Außerdem brennen dann auf
20 oder neben dem Altar je nach der Bedeutung des jeweiligen Tages im Kirchenjahr verschieden viele Kerzen. Außerdem befindet sich auf oder neben dem Altar ein Altarkreuz.

Der Ambo

25 Das Wort Ambo geht auf ein griechisches Verb für „hinaufsteigen" zurück. Gemeint war ein Podest zwischen Altarraum und Kirchenschiff, von dem aus die Lesungen und die Predigt vorgetragen wurden. In dieser Funktion ist der Ambo mit der
30 evangelischen Kanzel zu vergleichen.

Der Ambo steht im Mittelpunkt des Wortgottesdienstes, der ersten Hälfte eines katholischen Gottesdienstes. Von ihm aus eröffnet der Priester den Gottesdienst. Dort werden die Lesungen aus
35 der Bibel und die Fürbitten gesprochen. An diesem Platz predigt der Pfarrer auch. [...]

Der Beichtstuhl

Den Beichtstuhl kann man an der Seite oder im hinteren Bereich einer katholischen Kirche finden.
40 Er ist eine Art Holzhäuschen mit drei Eingängen. In der Mitte sitzt der Priester (Beichtvater), rechts und links knien jeweils abwechselnd die Beichtenden. Zu bestimmten Zeiten bietet der Priester den Gläubigen Beichtgelegenheiten an. Man war-
45 tet dann in der Kirche, bis man an der Reihe ist, kniet sich im Beichtstuhl hin und bekennt durch ein Sprechgitter seine Sünden. [...]

Lange Zeit erfolgten das Sündenbekenntnis und die Bitte um Vergebung öffentlich, und zwar im Altarraum beim Sitz des Bischofs bzw. später des 50 Priesters. Seit dem 16. Jahrhundert existiert der Brauch, die Beichte in einem geschlossenen Gehäuse und damit anonym abzulegen. [...]

Das ewige Licht

55 In allen Religionen spielt das Symbol des Lichtes eine große Rolle. Schon sehr früh wurden zu Ehren der Götter Lichter entzündet. Dies ist auch im Christentum der Fall. Neben den Kerzen, die beim Gottesdienst entzündet und danach wieder ge- 60 löscht werden, brennt das ganze Jahr über Tag und Nacht (sozusagen „ewig") eine Öllampe, oft in einem roten Gefäß. Sie soll uns daran erinnern, dass Jesus unser Licht ist, das uns in der Dunkelheit leuchtet. Nur am Karfreitag und Karsams- 65 tag brennt das ewige Licht zur Erinnerung an Jesu Tod nicht. In der Osternacht, wenn die Kirche die Auferstehung Jesu feiert, wird es wieder entzündet. [...]

Die Kniebank

70 Knien ist ein Zeichen der Demut. Der Gläubige bringt damit zum Ausdruck, dass er Gottes Größe anerkennt. Bevor Katholiken sich in einer Kirche hinsetzen, knien sie sich kurz hin – als Zeichen ihrer Ehrfurcht gegenüber Gott. Gekniet wird auch 75 im Gottesdienst, wenn der Priester die Worte Jesu beim Letzten Abendmahl spricht: „Dies ist mein Leib ..." und „Dies ist mein Blut ...". Oft knien Katholiken auch, wenn sie zum persönlichen Gebet in die Kirche gehen. 80

Der Kreuzweg

An einer oder an beiden Seitenwänden einer katholischen Kirche hängen in der Regel 14 Tafeln, die – geschnitzt, gemalt oder in Stein gehauen – den Leidensweg Jesu in Jerusalem darstellen. [...] 85 Eine besondere Bedeutung bekommt der Kreuzweg in der Fastenzeit, wenn in der Kreuzweg-Andacht vor den 14 Stationen gebetet wird.

Die Marienstatue

In jeder katholischen Kirche findet sich links oder 90 rechts vom Altarraum in einem Seitenaltar eine mit Blumen geschmückte Marienstatue. Maria ist die wichtigste Heilige in der katholischen Kirche. Vie-

Einfach Deutsch: Unterrichtsmodell: Es geschah im Nachbarhaus © Schöningh Verlag 2005

le Katholiken beten hier, meist zünden sie auch ei-
95 ne Kerze an. Sie beten Maria nicht an – anbeten
darf man nur Gott –, sondern bitten darum, dass
sie bei Gott ein gutes Wort für uns einlegt. Neben
Marienstatuen kann es in einer katholischen Kirche auch die Statuen von anderen Heiligen geben.
100 Katholische Kirchen sind auch nach Heiligen be-
nannt. [...]

Der Tabernakel

Der Tabernakel (lateinisch „Hütte", „Zelt") ist der
Ort, an dem die geweihten Hostien, die am Ende
105 eines Gottesdienstes übrig geblieben und die z. B.
für kranke Menschen bestimmt sind, aufbewahrt
werden. Katholiken glauben – anders als Protes-
tanten –, dass in den geweihten Hostien Jesus
auch nach dem Gottesdienst „gegenwärtig" ist.
110 Deshalb machen Katholiken eine Kniebeuge,
wenn sie vor dem Tabernakel vorbeigehen, und
beten davor. Er befindet sich im Altarraum oder in
seiner Nähe, ist verschlossen und – als Zeichen
der Verehrung – meist reich verziert. Neben dem
115 Tabernakel brennt das ewige Licht.

Das Taufbecken

Jesus ließ sich im Jordan von Johannes dem Täu-
fer zur Vergebung seiner Sünden taufen. Nach Jesu Tod wurden Menschen, die Christen werden
wollten, auf Jesu Namen getauft. Die Taufe wur- 120
de neben der Eucharistie (der Wandlung von Brot
und Wein zu Leib und Blut Jesu) zum wichtigsten
Sakrament der Kirche. Zu den typischen Gegen-
ständen in einer katholischen Kirche gehört deshalb auch ein Taufbecken bzw. Taufbrunnen. Die- 125
ser kann sich an verschiedenen Orten in der
Kirche befinden: in der Nähe des Altarraumes, in
einer Seitenkapelle oder im Eingangsbereich. Er
ist in der Regel aus Stein oder Metall gefertigt, hat
einen Deckel und kann mit biblischen Darstellun- 130
gen verziert sein. [...]

Das Weihwasserbecken

An den Eingängen einer katholischen Kirche findet man ein sogenanntes Weihwasserbecken. Es
ist mit Wasser gefüllt, das der Priester gesegnet 135
hat. [...]
Die Gläubigen benetzen beim Betreten und beim
Verlassen der Kirche den Zeigefinger mit etwas
Wasser und machen das Kreuzzeichen.
Das Wasser ist in vielen Religionen ein Symbol des 140
Lebens und der Reinigung. Im Christentum erinnert es auch an die Taufe, bei der man in die Gemeinschaft der Glaubenden aufgenommen wurde.

Aus: Petra und Michael Tinkl, „Einheit in Vielfalt", in: Unterrichts-Kon-
zepte Religion. Unterstufe, Stark Verlag: Freising 2004, © Stark Verlag

Die Feier der Religionsmündigkeit

Barmizwa und Batmizwa

Ein aus dem 2. Jahrhundert stammender Spruch sagt: „Mit fünf Jahren ist das Kind reif zum Lernen der Tora, mit zehn Jahren zum Lernen
5 der Mischna, mit dreizehn zur Erfüllung der Mizwot."

Mit zwölf Jahren schon wird das Mädchen in die Pflicht genommen, die religiösen Vorschriften verant
10 wortungsbewusst zu beachten; es wird „bat mizwa", Tochter der Pflicht. Der Junge wird mit dreizehn Jahren religionsmündig und somit Sohn der Pflicht, „bar mizwa".
15 Die Pflichten sind für Mann und Frau nicht die gleichen. Während die Frau vorwiegend die dem häuslichen Bereich zugeordneten religiösen Pflichten zu beachten hat, so vor allem die
20 genaue Befolgung der Kaschrutvorschriften, wird der Mann jetzt Vollmitglied der betenden Gemeinde. Er zählt mit beim „Minjan" (der beim Gebet vorgeschriebenen Zehnzahl), er
25 trägt von jetzt an beim Gebet – soweit vorgeschrieben – Tallit und Tefellin und kann zur Tora aufgerufen werden: zum Vorlesen eines Toraabschnitts.
Der Beginn der Mündigkeit wird am ersten Schab
30 bat – bei Mädchen nach der Vollendung des zwölften und bei Jungen nach Vollendung des dreizehnten Lebensjahres – durch eine Feier in der Synagoge festlich begangen. Die Batmizwa-Feier ist allerdings erst seit dem vorigen Jahrhundert
35 bekannt und in orthodoxen Gemeinden nicht zugelassen.
Schon im ersten Jahrhundert n. Chr. gab es in Jerusalem den Brauch, das religionsmündige Kind den Ältesten vorzuführen und sie um ihren Segen
40 und ihr Gebet zu bitten, damit es, gemäß dem Segenswunsch bei der Beschneidung, zur vollen Erfüllung der Tora und der guten Werke (Mizwot) heranreife.
Der Ausdruck „Barmizwa" und die damit verbun
45 dene Feier wird auf Rabbi Mordechai ben Hillel im 13. Jahrhundert zurückgeführt. Vom 14. Jahrhundert an verbreitete sich der Brauch der Barmi

„Erste Bekennung ... zum Glauben der Väter" Bar Mizwah, Holzschnitt, koloriert, signiert. Hermann Behrens, undatiert (ca. 1895) Trägerverein
Jüdisches Museum Westfalen

wza-Feier von Deutschland aus in der Judenheit. Die Feier selbst beginnt am Vorabend mit der Pflicht, das „Höre, Israel" zu sprechen. Der
50 Höhepunkt der Feier in der Synagoge besteht darin, dass der Barmizwa zur Tora aufgerufen wird. Er spricht die Segenssprüche und liest einen Teil oder die ganze Wochenperikope und oft auch den Prophetenabschnitt. Beim anschließenden
55 Festmahl ist es in traditionsgebundenen Familien üblich, dass der Barmizwa über den von ihm vorgelesen Abschnitt einen kleinen Lehrvortrag hält.
Von diesem Tag an ist der Vater aus der Erzie
60 hungspflicht entlassen. Nach Beendigung der Toravorlesung durch den Barmizwa spricht der Vater folgende Lobpreisung: „Gepriesen sei, der mich von der Verantwortung für diesen Knaben losspricht." Denn von jetzt an ist der „bar mizwa"
65 auch ein „bar onaschim", d. h. „Sohn der Strafe", nämlich selbst verantwortlich für sein Tun mit allen daraus folgenden Konsequenzen.

Aus: Stegemann/Eichmann, a. a. O., S. 72f.

EinFach Deutsch: Unterrichtsmodell: Es geschah im Nachbarhaus © Schöningh Verlag 2005

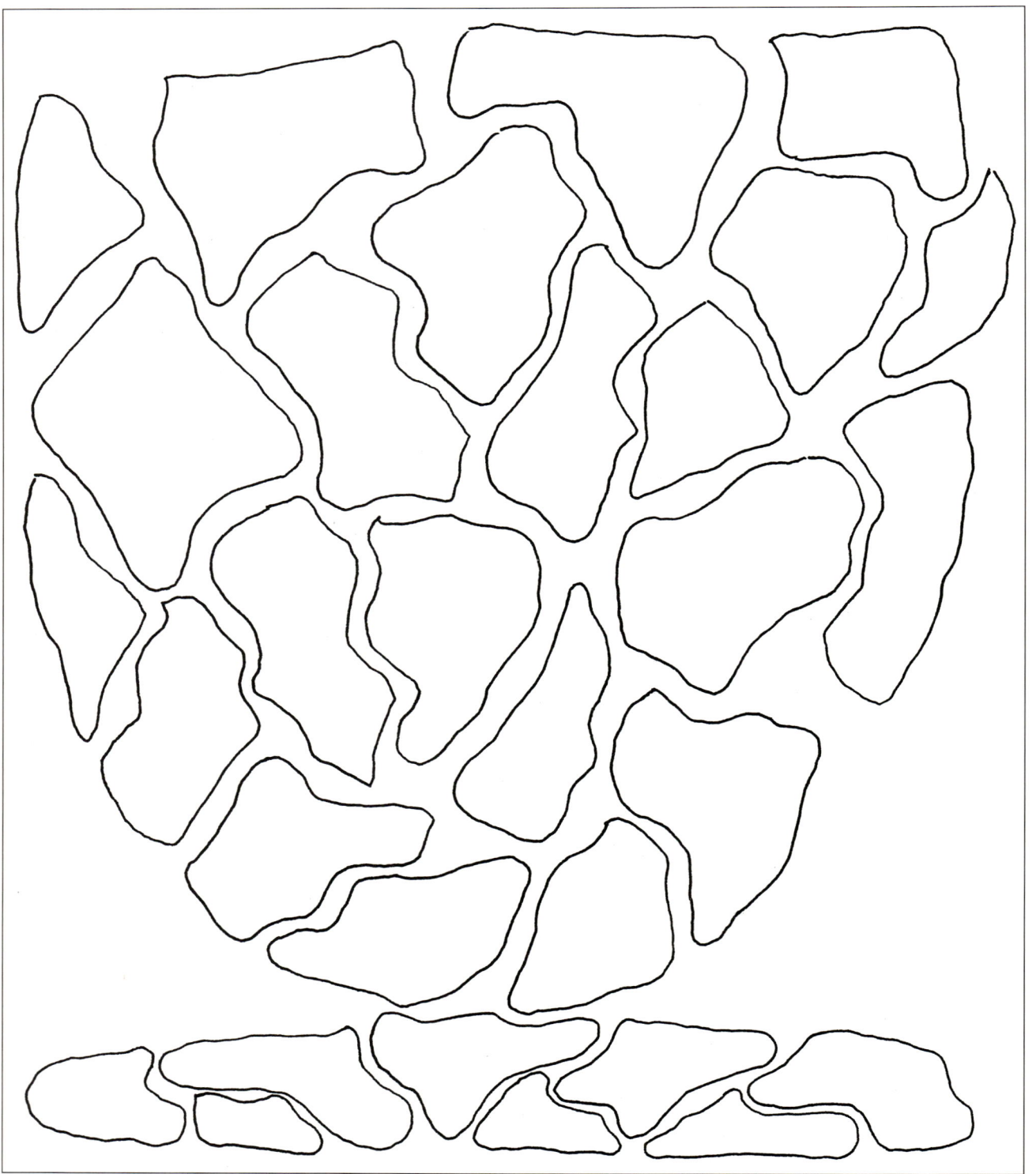

❐ *„Noch das Gebet auf den Lippen, noch die Worte tief im Herzen ..."* (S. 64) – *Quälend ist für die Familie Waldhoff die Ungewissheit um die Wahrheit im Fall des toten Jean Seller, quälend ihre Ängste um die eigene Existenz, die sie fast zerbrechen lassen. Fülle die „Scherben" mit den Gedanken und Gefühlen der einzelnen Familienmitglieder.*

EinFach Deutsch: Unterrichtsmodell: Es geschah im Nachbarhaus © Schöningh Verlag 2005

Pessach

Pessach gehört ursprünglich zu den drei großen Wallfahrtsfesten. In seiner Liturgie[1] vereinigt sich die Erinnerung an das Frühlingsfest des Hirtenvolkes (Schlachtung und Verzehr eines Lammes)
[5] mit der heilsgeschichtlichen Erinnerung an den Auszug aus Ägypten, der das Geburtsdatum des jüdischen Volkes ist.

Bis zur Zerstörung des Tempels[2] lebte die Hirtentradition der Schlachtung des Lammes fort.
[10] Nach der Zerstörung des Kultortes entwickelte sich eine neue, vergeistigte Form der Pessachfeier[3]. Am Vorabend des Festes versammelt sich die Familie zum Sedermahl (Seder = Ordnung). Die Abfolge des Seder-Rituals ist in der „Haggada"
[15] (wörtlich: Erzählung) zusammengefasst. Die Pessach-Haggada besteht aus Texten der Bibel, der Mischna (Gesetzessammlung) und des Midrasch (Schriftauslegung), ferner aus Segenssprüchen und Liedern. In genau festgelegter Reihenfolge er-
[20] innern sich die Feiernden an diesem Abend an die Großtaten Gottes, der sein Volk „mit starker Hand und ausgestrecktem Arm" aus Ägypten geführt hat. Dabei soll jeder „sich ansehen, als sei er selbst aus Ägypten gezogen", denn „nicht nur die
[25] Väter" hat Gott aus Ägypten geführt, sondern „uns alle hat Er hinausgeführt, uns hinzuführen in das Land, das Er unseren Vätern zugeschworen".

Zur Erinnerung an die Zeit der Not werden an diesem Abend u. a. symbolische Speisen verzehrt,
[30] die auf einer besonderen Schüssel in einer vorgeschriebenen Weise angeordnet sind:
– grünes Kraut (Karpass) wie z. B. Petersilie als Symbol des Frühlings
– ein Näpfchen mit Salzwasser zur Erinnerung an
[35] die in der Unterdrückung vergossenen Tränen
– Bitterkraut (Maror) wie z. B. Meerrettich im Gedenken an die Bitterkeit des Lebens in Ägypten
– Süßspeise (Charosset) aus Äpfeln, Nüssen und
[40] Wein, die wegen ihrer braunen Farbe an die Herstellung von Lehmziegeln bei der Fronarbeit in Ägypten erinnert

– ein Knochen (Saroa), an dem noch ein Rest von gebratenem Fleisch sein soll als Hinweis auf das ursprüngliche Pessachopfer aus der Zeit [45] des Tempels
– ein Ei (Bejza), das für einige Erklärer ein Symbol der Trauer ist, für andere dagegen ein Symbol der Neugeburt Israels in der Stunde der Volkwerdung beim Auszug aus Ägypten. [50]

Auf die Frage des jüngsten Kindes „Warum unterscheidet sich diese Nacht von allen anderen Nächten?" wird die Bedeutung von Generation zu Generation erklärt und tradiert: „Dieses Bitterkraut, das wir essen, worauf deutet es hin? Es [55] deutet darauf hin, dass die Ägypter unseren Vätern das Leben verbitterten, wie es heißt: Sie verbitterten ihnen das Leben durch harte Arbeit [...], die sie ihnen mit Härte aufbürdeten."

„Das Pessach-Opfer ist deswegen da", lautet die [60] Antwort auf die Frage nach dem Sinn, „weil Gott die Häuser unserer Väter in Ägypten übergangen hat." Mitten im Land des Todes hat Gott ein Zeichen gesetzt, dass er das Gesetz des Todes aufheben, „übergehen", „überspringen" kann. Das [65] hebräische Wort „passach" für „überspringen" ist fast gleichlautend mit „pessach", dem Wort für das neugeborene, hüpfende Lamm, das die Hirten zur Frühlingszeit opferten (so J.J. Petuchowski). So mag die Verknüpfung des einen mit dem [70] anderen zustande gekommen sein.
Besonders augenfällige Bedeutung hat aber noch eine andere Speise: das ungesäuerte Brot, die Mazza. Die Tora gebietet: „Sieben Tage hindurch sollt ihr Ungesäuertes essen" (Ex 12,15); „Sieben [75] Tage soll Gesäuertes nicht gefunden werden in euren Häusern" (12,19); „Nur Ungesäuertes darf gegessen werden die sieben Tage hindurch. Nicht gesehen werde bei dir Gesäuertes, und nicht gesehen werde bei dir Sauerteig, in deinem ganzen [80] Gebiete" (17,7).
Auf die Frage „Warum?" heißt die Antwort in der Haggada: „Weil der Teig unserer Väter nicht mehr Zeit hatte zu säuern, als Gott sich ihnen offenbar-

---

[1] Liturgie = Gottesdienstordnung
[2] Tempel = „heiliger Bezirk"; herodianischer Tempel in Jerusalem, 70 n. Chr. durch die Römer zerstört; Ort der Gottesverehrung und der Opferungen
[3] vergeistigte Form des Pessachfestes = nach der Tempelzerstörung entwickelte sich das Judentum zu einer Religion des Wortes; Verzicht auf Opfergaben

EinFach Deutsch: Unterrichtsmodell: Es geschah im Nachbarhaus © Schöningh Verlag 2005

85 te und sie befreite." Andere Erklärer nennen die Mazza das „Brot der Armut", denn es soll an die armseligen Lebensbedingungen unter der Knechtschaft erinnern: „Dies ist das Brot des Elends, das unsere Väter im Lande Ägypten ge-

90 gessen haben. Jeder, der hungrig ist, komme und esse! Jeder, der in Not ist, komme und feiere mit uns das Pessachfest." Seine besondere Gliederung erhält der Seder durch die vier Becher Wein, die jeder Mitfeiernde an diesem Abend zu trinken

95 hat. Sie begleiten die vier Freiheitszusagen Gottes (vgl. Ex 6,6 – 7): Ich führe euch heraus aus dem Frondienst[4] – Ich rette euch aus der Sklaverei – Ich erlöse euch – Ich nehme euch an als mein Volk. Es ist Brauch, noch einen fünften Becher hinzu-

100 zufügen gemäß der Verheißung: Ich führe euch in das Land (Ex 6,8). Das Ziel des Auszugs ist ja der Einzug in das verheißene Land als dem Ort der zugesagten Freiheit. Dieser Becher, der häufig besonders kostbar ist und aus dem nicht getrunken wird, ist der „Becher des Elias". Der Prophet gilt als Bote der kommenden Erlösung. Für ihn wird

105 am Ende des Festmahls die Tür geöffnet, wie um sein Kommen zu beschleunigen. Doch drangen statt seiner oft lauernde Marodeure[5] ein, die das Pessachfest mit blutigen Pogromen[6] beendeten. Trotzdem haben die Juden ihre Hoffnung durch

110 die Jahrhunderte bewahrt. In dieser messianischen[7] Hoffnung wird das Sedermahl beendet, indem man sich gegenseitig wünscht, was Inbegriff aller jüdischen Endzeiterwartung ist: „Nächstes Jahr in Jerusalem!"

115

Aus: Stegemann/Eichmann, a. a. O., S. 195f.

---

4 Frondienst = Sklavendienst
5 Marodeure = Plünderer
6 Pogrom = Hetze mit gewalttätigen Mitteln gegen eine bestimmte Bevölkerungsgruppe, besonders gegen die Juden
7 messianisch = auf den Messias (Erlöser) bezogen; Messias ist im christlichen Glauben auch der Beiname Jesu Christi; für die Juden ist Jesus nicht der angekündigte und erwartete Messian; vgl. auch das Gespräch zwischen Sigi und Karl zur Geburt Jesu als „Gottes Sohn": „Wir [i. e. die Juden, U.V.] meinen, er ist es nicht gewesen, den wir erwarten" (S. 125).

Einfach Deutsch: Unterrichtsmodell: Es geschah im Nachbarhaus © Schöningh Verlag 2005

Gemeinsam feiern ...

Eine Pessach-Köstlichkeit: Nuss- und Weintraubenplätzchen

Ihr solltet drei Eier schaumig rühren und Folgendes hinzufügen:

Jeweils eine halbe Tasse von

Zucker

Mazzenmehl (gibt es in türkischen Geschäften zu kaufen)

gemahlenen Nüssen

getrockneten Weintrauben (= Rosinen)

Salz und Zimt

Den Teig müsst ihr 15 Minuten ruhen lassen. Dann könnt ihr ihn löffelweise auf ein gefettetes Back- blech oder auf Backpapier legen und bei 220 Grad 15 Minuten backen.

1 u. 2 Ja' a se sha-lom, ja' a se sha-lom, sha - lom a - le - nu we

1. al kol lis - ra - el! Ja' a se sha-lom, ja' a se sha-lom,
2. al kol ha - o - lam!

sha - lom a - le - nu we ai kol lis - ra - el!
al kol ha - o - lam!

1. Frieden gibt der Herr.
   Frieden gibt der Herr,
   Frieden uns allen
   und für ganz Israel!

2. Frieden gibt der Herr.
   Frieden gibt der Herr,
   Frieden uns allen
   und seiner ganzen Welt!

Einfach Deutsch: Unterrichtsmodell: Es geschah im Nachbarhaus © Schöningh Verlag 2005

Tod und Trauer

Im Judentum gibt es keinen Totenkult. Dennoch sorgt das jüdische Zeremonialgesetz dafür, dass der Sterbende wie der Tote mit der größten Aufmerksamkeit umgeben wird.

Der Sterbende soll auf keinen Fall allein gelassen werden. Eine Gebetsgemeinschaft soll ihm beistehen und ihm die Sterbegebete vorsprechen, wenn er es selber nicht mehr kann. Dazu gehört das Sündenbekenntnis wie auch das Gebet „Adon Olam", das mit dem Vers endet: „In seine Hand übergebe ich meinen Geist, wenn ich schlafe und erwache, und mit meinem Geiste meinen Leib. Gott ist mit mir, ich fürchte nicht." Wenn der Tod unmittelbar bevorsteht, sprechen alle Anwesenden das Glaubensbekenntnis, das „Schema Jisrael": „Höre, Israel! Der Ewige ist unser Gott, der Ewige ist einzig!" Dieses letzte Wort „einzig" – hebr. „echad" – soll so gedehnt gesprochen und so lange angehalten werden, bis mit dem Ende dieses Wortes der Sterbende seine Seele ausgehaucht hat (S. Ph. De Vries).

Nach Eintritt des Todes wird ein „Seelenlicht" angezündet, eine Kerze, die während der gesamten Trauerzeit brennen soll. Die Sorge für den Toten bleibt nicht der Familie überlassen, sondern wird von der Beerdigungsbruderschaft – der Chewra Kaddischa – übernommen. Diese Bruderschaft ist eine uneigennützige Vereinigung, die ihre Dienste ohne Entgelt zur Verfügung stellt. Sie übernimmt auch die Totenwache sowie die Totenwäsche und die Einkleidung des Toten.

Alles, was zur Ausstattung des Toten gehört, ist von äußerster Schlichtheit. Nach der sorgfältigen Waschung des Toten, für die es eigene Geräte gibt, wird der Tote eingekleidet. Die Bekleidung ist aus einfachem weißen Leinen; weder Schmuck noch Wertgegenstände werden mit ins Grab gegeben. Männer werden in ihren Tallit gehüllt, von dem die Schaufäden (Zizit) abgetrennt werden zum Zeichen dafür, dass der Tote keine religiösen Vorschriften mehr befolgen muss.

Der Sarg ist eine schlichte Holzkiste. In der Diaspora[1] ist es üblich, dem Verstorbenen etwas Erde aus dem Land Israel mit in den Sarg zu geben. Dieser Brauch ist Ausdruck der jahrtausendealten Zionssehnsucht. Nach Zion – nach Jerusalem – ist auch das Grab des Verstorbenen ausgerichtet.

[1] Diaspora = Gebiet, in dem die Angehörigen einer Konfession in der Minderheit vertreten sind

Vor der Beerdigung findet auf dem Friedhof eine Totenfeier statt. Wo es noch üblich ist, beginnt die Feier mit der „Kerija", dem Einreißen der Kleidung. Die nächsten Angehörigen reißen ein Stück der oberen Trauerkleidung ein zum Zeichen des Schmerzes (vgl. Gen 37,29; 34). Erst nach dreißig Tagen darf dieser Riss wieder zugenäht werden, bei der Trauer um Vater oder Mutter jedoch nie.

Nach der Totenfeier findet die Beisetzung statt. Auf dem Weg zum Grab wird der Trauerzug siebenmal angehalten und der Sarg abgesetzt: Der Schmerz der Trennung verzögert die Schritte. Während des Weges wird der 91. Psalm gebetet, der mit den Worten endet:

„Er ruft mich, und ich antworte ihm, bei ihm bin ich in der Drangsal, ich schnüre ihn los und ehre ihn. An Länge der Tage sättige ich ihn, ansehen lass ich ihn mein Befreien." (Übers. M. Buber)

Wenn der Sarg in das Grab hinabgelassen wird, werfen die Trauernden Erde auf den Sarg und sprechen: „Staub bist du, und zum Staub kehrst du zurück. Es geht der Staub zur Erde ein, von der er kommt. Der Geist aber kehrt zu Gott zurück, der ihn gegeben."

Nun folgt das Kaddischgebet. Das Kaddisch zu sagen ist die Pflicht des nächsten Angehörigen. Ursprünglich war diese Pflicht nur männlichen Verwandten vorbehalten. Im liberalen Judentum ist es aber auch der Frau gestattet, das Kaddisch zu sagen. Das Wort „Kaddisch" bedeutet „Heiligung", Lobpreis Gottes. Es ist keine Totenklage, sondern ein großes Bekenntnis zu Gott als dem Herrn über Leben und Tod: „Erhoben und geheiligt werde sein großer Name in der Welt, die neu geschaffen werden soll, wo er die Toten zurückrufen und ihnen ewiges Leben geben wird; die Stadt Jerusalem aufbauen und seinen Tempel in ihre Mitte setzen wird, und allen fremden Götzendienst von der Erde ausrotten und die Verehrung des wahren Gottes einsetzen wird. Möge der Heilige, gelobt sei sein Name, sein Reich und seinen Ruhm erstehen lassen in euren Tagen und dem Leben des ganzen Hauses Israel schnell und in naher Zeit, sprechet: Amen."

Nach der Trauerfeier findet kein Gastmahl für die Teilnehmer statt. Die Trauernden kehren nach Hause zurück, wo Freunde und Nachbarn oder die Chewra Kaddischa eine schlichte Mahlzeit vorbe-

Ein Fach Deutsch: Unterrichtsmodell: Es geschah im Nachbarhaus © Schöningh Verlag 2005

reitet haben, die in der Regel aus Brot, Eiern und Wein besteht. Die Angehörigen haben ein Anrecht auf Trauer. Sieben Tage lang sind sie von allen Ver-
100 pflichtungen befreit. – Man unterscheidet drei Trauerperioden:

– die Schiwa – sieben Tage sitzt man auf dem Boden oder auf niedrigen Schemeln und trägt keine Lederschuhe. Die Versorgung der Trau-
105 ernden wird von Freunden, Nachbarn oder der Chewra Kaddischa übernommen.

– die Scheloschim – dreißig Tage der Trauer mit dem täglichen Kaddischgebet. Das am Ster-
betag entzündete Seelenlicht bleibt brennen
110 und die Kleidung mit dem Riss wird weiter getragen.

– das Trauerjahr für Vater und Mutter mit dem täglichen Kaddisch und Gedächtnislicht, das das ganze Jahr über nicht verlöschen soll.

Der Jahrestag des Todes ist der Jahrzeittag. Auch 115
an ihm wird das Kaddisch gesagt, das Gedächtnislicht angezündet, gefastet und nach Möglichkeit das Grab des Verstorbenen besucht. Spätes-
tens am ersten Jahrzeittag ist die „Steinsetzung“.
Für den jüdischen Friedhof gibt es unterschiedli- 120
che Bezeichnungen: Haus der Gräber, Haus der Ewigkeit, Haus des Lebens und manchmal auch der „Gute Ort“. Am genauesten gibt der Name „Haus der Ewigkeit“ das jüdische Empfinden wieder. „Die Ruhe eines Toten zu stören, ist dem 125
jüdischen Gefühl ein unerträglicher Gedanke“,
sagt S. Ph. De Vries. „Dem Toten gehört die Erde, in die er gebettet wurde. Für immer. Über sie darf kein anderer Mensch verfügen.“

Aus: Stegemann/Eichmann, a. a. O., S. 85ff.

EinFach Deutsch: Unterrichtsmodell: Es geschah im Nachbarhaus © Schöningh Verlag 2005

Sprechende Steine

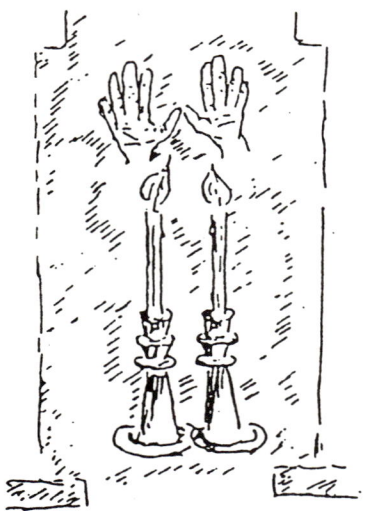

Skizzen aus: G. Haas-Matzke, PTI-Informationen RU. Foto aus: Unsere Kirche 22/1997, S. 12

„Seltsame Zeichen zeigte der Stein. [...] Eine gespreizte Hand erkannte er. Karl versuchte, seine Hand auch so zu halten: Daumen, Zeigefinger und Mittelfinger beieinander und Ringfinger und kleiner Finger eng zusammen, aber weit abgespreizt von den andern. Er versuchte es vergeblich. Sigi sah es und machte es ihm vor. Für ihn schien es leicht zu sein. Karls Finger gehorchten nicht."

Aus: Fährmann, Es geschah im Nachbarhaus, S. 15f.

❐ „... die Gräber sind düster, ohne Blumen" (S. 16) – aber nicht ohne „Schmuck". Die Symbolik der Grabsteine „verrät" dem Betrachter viel über die Verstorbenen. Über das Internet (http://www.payer.de/judlink.htm oder über Google unter dem Stichwort „jüdische Grabsteine" – Haus des Lebens) kannst du dir erste Informationen verschaffen und versuchen, die Botschaft der Symbole zu „entschlüsseln".

EinFach Deutsch: Unterrichtsmodell. Es geschah im Nachbarhaus © Schöningh Verlag 2005

Grabsteinskizzen: (obere Reihe, linke Seite)

Segnende Hände und Schabbatlichter

Jeder Schabbat beginnt im jüdischen Haus mit dem Anzünden der Schabbatlichter durch die Hausfrau.

Der als „Hadlekah – Anzünden" bekannte Ritus ist Aufgabe der jüdischen Frau. Die Darstellung der Hadlakah auf einem Grabstein weist auf eine der Tradition verpflichtete jüdische Frau hin und ehrt die hier Ruhende in besonderer Weise. Die Handhaltung deutet an, dass die jüdische Frau nach dem Anzünden der Schabbatlichter die festtägliche Wärme der Kerzen in sich aufnimmt, bevor sie die Segenssprüche über den anbrechenden Schabbat spricht.

Stundenglas (Sanduhr)

Symbol für das abgelaufene Leben. Besonders weit verbreitet in der Zeit von Jugendstil und Spätromantik

Schmetterling

Zwei Aspekte sind mit dem Symbol des Schmetterlings verbunden: Die Flüchtigkeit des Lebens und die Tatsache, dass dieses Insekt im Laufe seiner Entwicklung eine Metamorphose durchmacht. Der Tod als Zwischenstadium, hinter dem neues Leben steht, kommt in diesem Symbol zum Ausdruck.

Buch

Ein höchst wichtiges Moment in der Gebetsordnung der Hohen Feiertage ist der Begriff „Sefer Ha-Chajim – Buch des Lebens". Die Bitte, vor dem Ewigen in das „Buch des Lebens" eingeschrieben zu sein, erfüllt das ganze Trachten der Beter. Die Darstellung des Buches – bis hin zu Grabsteinen in Buchform – drückt die Bitte und die Hoffnung aus, im „Buch des Lebens" und nicht im „Buch des Vergessens" eingeschrieben zu sein.

Gebrochene Rose

Eine einzelne gebrochene Rose deutet auf das Grab eines Kindes hin. Allerdings findet dieses Symbol – wie überhaupt alle Blumensymbole – auch in der nichtjüdischen Welt Verwendung.

Krone

Seit alters her besitzt die Krone im Judentum eine hohe Bedeutung. So wird die Tora, die heilige Offenbarung von Sinai, als die „Krone der Schöpfung" bezeichnet. In der Synagoge werden die Tora-Rollen mit silbernen Kronen geschmückt. Auf dem Grabstein weist die Krone meist auf den guten Namen des Verstorbenen hin. Inschriften auf Frauengrabsteinen bezeichnen die Verstorbene auch oft als „Krone des Mannes".

Betende Hände (Foto)

Auf einigen Grabsteinen lassen sich zwei Hände beobachten, deren Handflächen mit den innenliegenden Daumen zum Betrachter zeigen. Manchmal berühren sich auch die Daumen, in der Regel liegen 3. und 4. Finger (Ringfinger und kleiner Finger) eng beieinander und sind vom 1. und 2. Finger (Zeige- und Mittelfinger) weit abgespreizt. Dieses Symbol gibt an, dass hier ein Abkömmling des zum Priestertum berufenen Aharon ruht. Aufgabe der „Kohanim" (hebr.: Priester) war und ist die Erteilung des Priestersegens.

Aus: G. Maas-Matzke: PTI – Informationen RU Materialien, Medien, Methoden 3/4 1994

EinFach Deutsch: Unterrichtsmodell: Es geschah im Nachbarhaus © Schöningh Verlag 2005

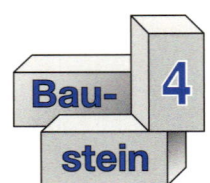

Von der Schwierigkeit einer christlich-jüdischen Begegnung

4.1 ☐ Zwiespalt der Empfindungen – Die Märzenichs

„Du bist zu jung für ein Mädchen. Und dann eine Jüdin!" (S. 37) – Mutter Märzenich macht keinen Hehl aus ihrer Abneigung gegen die zukünftige Verlobte ihres Sohnes, eine Abneigung, die vornehmlich in der Zugehörigkeit Ruths zum jüdischen Volk wurzelt und wohl weniger in der Sorge einer Mutter, der Sohn sei für eine feste Beziehung noch „zu jung". Die Geste, mit der sie ihre Mahnung unterstreicht – „sie spie in die Kohlen" (S. 37) –, spricht hier eine mehr als deutliche Sprache.

Ein ganz anderes Bild vermittelt Fährmann seinen Lesern mit der Figur von Vater Märzenich und entfaltet in der bewussten Kontrastierung beider Elternteile die Spannbreite mitmenschlichen Umgangs, die sich durch den Mordfall innerhalb der kleinstädtischen Gemeinschaft auftut und selbst noch in den engen familiären Grenzen ihre Fortsetzung findet. Im Gegensatz zu seiner herrischen, aufbrausenden Frau ist der alte Märzenich körperlich schwach und gebrechlich („Eine Lähmung kroch in beiden Beinen täglich weiter aufwärts", S. 34), aber ausgestattet mit einem „[klaren] Verstand" (S. 34), der ihn im Gespräch mit Ruth zur Vorausschau befähigt. Ruths Gefühl, die Nachbarn seien ihr „so fremd geworden, unheimlich fast" (S. 35), kommentiert er mit scharfsinnigem Blick auf die Undurchschaubarkeit menschlicher Verhaltensweisen: „Ganz wirst du die Menschen nie kennen lernen, Kind. Sie haben so viele Überraschungen bereit, dass es ein ganzes Leben lang reicht" (S. 35). Diese Vorahnung veranlasst ihn auch dazu, seinen Sohn ernsthaft zu ermahnen, immer bei der Wahrheit zu bleiben, „ob man sie von dir hören will oder nicht" (S. 37). Er lässt es nicht bei der Ermahnung bewenden, sondern nimmt seinem Sohn geradezu „starrköpfig" (S. 37) und „unter den Augen von Ruth" (S. 37) das Versprechen ab, „[d]ie Wahrheit, immer die Wahrheit" (S. 37) zur Grundlage seines Handelns zu machen. Erst mit der ausdrücklichen Zusage Gerds („[...] ich will es dir ausdrücklich versprechen", S. 37) scheint der alte Märzenich zufrieden und von einer Last befreit: „Märzenich ließ sich in die Kissen zurücksinken. Sein Gesicht entspannte sich" (S. 37). Ruth erfährt von Gerd wenig später vom bevorstehenden Tod des alten Märzenichs und spürt instinktiv: „Ich verliere einen Freund" (S. 45). Und diese Vorahnung soll sich als richtig erweisen: Gerd schafft es nach dem (oder besser gesagt wegen des) Treffen(s) mit Ruth nicht mehr rechtzeitig, am Sterbebett seines Vaters zu sein. Beim gemeinsamen Eintreffen am Haus befestigt Frau Märzenich gerade „den schwarzen Trauerflor an [d]er Haustür" (S. 47). Die menschliche Größe Ruths zeigt sich in diesem Augenblick darin, dass sie als Jüdin „die Scheu" davor ablegt, „ein Haus zu betreten, in dem ein Toter lag" (S. 47), um Gerd „nicht allein [zu] lassen" (S. 47), demgegenüber bricht der Hass gegen Ruth bei Frau Märzenich vollends auf, wenn sie mit „kalte[m] Blick" (S. 47) der jungen Frau „die Tür verwehrt []" (S. 47) und ihr damit die Rolle der persona non grata – die sie immer wieder hat anklingen lassen – nun in aller Deutlichkeit zuweist, indem sie Ruth eine Mitschuld am „Zuspätkommen" Gerds unterstellt: „‚Hast du ihm schon die letzte Stunde seines Vaters gestohlen, dann lass ihn wenigstens jetzt', zischte sie ihr entgegen" (S. 47).

Indem sich die Schüler und Schülerinnen die „aufgeheizte" Kommunikationssituation innerhalb der Familie bewusst machen, gewinnen sie zugleich einen einfacheren Zugang zu Gerds merkwürdig indifferentem Verhalten gegenüber Ruth.

☐ *„Schnell schlüpfte [Ruth] zu Märzenichs hinein" (S. 34) – „Sie floh nach Hause" (S. 47): Untersucht in Partnerarbeit das Verhalten von Herrn und Frau Märzenich im Umgang mit Ruth Waldhoff. Bezieht euch dabei auf die Seiten 33 – 38 und 45 – 47 und haltet eure Ergebnisse in tabellarischer Form fest.*

Die Zitate in der folgenden Übersicht dienen der schnelleren Orientierung – als Textverweise bei einem entsprechenden Tafel- oder Folienbild genügt der Seitenverweis.

Zwischen Annahme und Ablehnung –
Die Sicht der Märzenichs auf Ruth Waldhoff

Herr Märzenich

- freut sich über Ruths Besuch („Komm einen Sprung zu mir, Kind", S. 34)

- ist eingenommen von dem freundlichen Wesen und der Schönheit der jungen Frau („Er verstand seinen Sohn", S. 35)

- schätzt ihre Umsicht – auch in geschäftl. Angelegenheiten („Ich meine, Ruth hat Recht, Gerd", S. 36)

- reagiert einfühlsam auf Ruths Besorgnis („Du siehst so ernst aus, Ruth. Ist etwas?", S. 35) und

- spendet Trost („lass sie reden [...]", S. 35)

- nennt seinen Sohn als unumstößlichen Zeugen für Waldhoffs „hieb- und stichfestes Alibi" (S. 35)

- begegnet Ruth offen und ehrlich – ohne Vorbehalte gegenüber ihrer Religion

- sein „[klarer] Verstand" (S. 34) erkennt aber die drohende Gefahr („Weiß der liebe Himmel, was noch alles aus diesem scheußlichen Kindesmord wird", S. 37)

- will die Beziehung zwischen Ruth und Gerd stärken („Kommt mal beide her", S. 36)

- beschwört Gerd „immer die Wahrheit" (S. 37) zu sagen – auch gegen jede Anfeindung („ob man sie von dir hören will oder nicht", S. 37)

Frau Märzenich

- findet an und in allem, was Ruth tut, etwas Negatives („Alles, was sie tut, ist dir nicht recht", S. 37)

- hält Ruth für wenig arbeitsam („... Sie hat doch sicher um diese Zeit andere Arbeit, oder?", S. 37)

- formuliert ihre Abneigung unmissverständlich („ ... Ruth! Ich kann den Namen schon nicht mehr hören", S. 37)

- sieht in Ruth nur die Vertreterin ihres Volkes („Und dann eine Jüdin!", S. 37) und

- verachtet sie vor allem wegen ihres Glaubens

- lässt sich in der Begegnung mit Ruth nur von ihren Vorurteilen leiten

- schürt bei ihrem Sohn ganz konkret Existenzängste („Mutter sagt, das sei erst der Anfang", S. 45; ebenso S. 46; S. 109)

- will mit allen Mitteln die Beziehung zwischen Gerd und Ruth verhindern (S. 37)

- treibt ihren Sohn in die Falschaussage gegen Ruths Vater („Sie sagt, meine Zeugenaussage ... , die macht mir das Geschäft kaputt", S. 46)

Die Eltern als Vertreter gegensätzlicher Geisteshaltungen

Gerd selbst – im Sog dieser verfahrenen Situation überfordert – hat dem fordernden und bestimmenden Wesen seiner Mutter kaum etwas entgegenzusetzen und entzieht sich der Auseinandersetzung regelmäßig durch „Flucht" in seine Arbeit: „Gerd warf die Tür ins Schloss und stapfte in die Schmiede zurück" (S. 37).

❐ *„Er hatte sich den Vorhammer vom Werkzeugbrett genommen und drosch auf ein Eisenband los (...)" (S. 38) – Jeder Schlag ist ein Schlag gegen die Wut, aber auch gegen die eigene Schwäche. Lass Gerd im „Takt" der Schläge einen inneren Monolog führen über sich selbst, seine Familie, über Ruth und über ihre Beziehung.*

❐ *„Warum muss alles so verwickelt sein, was ich anfasse?" (S. 38) – Hast du schon einmal eine ähnliche Situation erlebt wie Gerd, in der es dir – von verschiedenen Seiten und Meinungen beeinflusst – schwer fiel, einen eigenen Standpunkt zu finden? Welchen Weg hast du eingeschlagen? Wenn du magst, erzähle deine Geschichte.*

Frau Märzenichs Unkenrufe („Mutter sagt, das sei erst der Anfang", S. 45) scheinen sich zu bewahrheiten. Kurz vor dem Tod des Vaters weiß Gerd nur von „schlechte[n] Nachrichten" (S. 44) zu berichten. Eine Nachbarin hat bei ihnen einen Auftrag zurückgezogen (S. 45) und seine Mutter sieht sich in ihren Vorurteilen und Warnungen bestätigt (S. 46). Und auch bei Ruth keimt das ungute Gefühl wieder auf, das sie schon lange beschleicht („ ... das Gerede [schwoll] wieder an. [...] Ruth [sah], wie die Frauen die Köpfe zusammensteckten, erregt, gierig", S. 34) und fast resignierend wandelt sich allmählich das „Fremdbild", das man ihr entgegenbringt, zum Selbstbild: „Vielleicht hat deine Mutter Recht. Vielleicht mache ich dir wirklich Schwierigkeiten im Geschäft. Wir Waldhoffs sind mit einem Male so etwas wie Unglücksraben für jeden, der mit uns zu tun hat" (S. 46).
Ganz langsam wächst in Ruth die Erkenntnis, anders zu sein als die anderen, eine gesellschaftliche Außenseiterin („ ... wie die Nachbarinnen mich anstarren", S. 36) aufgrund ihrer Zugehörigkeit zum jüdischen Volk. Noch begleitet ein zweifelndes „vielleicht" (S. 46) Ruths Nachdenken über sich selbst, aber bald formuliert sie offen d i e Frage, in der sich der Zweifel in Verzweiflung wandelt: „Warum, Mutter, bin gerade ich eine Jüdin?" (S. 47).

Mit einem abschließenden Blick auf Ruth als „Auslöser" der kommunikativen Dissonanz innerhalb der Familie Märzenich können die Schüler und Schülerinnen die unterschiedlichen Verhaltensweisen nochmals bündeln. Der Perspektivwechsel ermöglicht es ihnen nicht nur, unterschiedliche Verhaltensmuster einem Menschen gegenüber zu beschreiben, sondern auch ihre Wirkweise zu reflektieren und im Spiegel literarischer Figuren sich ihrer eigenen Haltungen und Erfahrungen bewusst zu werden.

❐ *„Schnell schlüpfte sie zu Märzenichs hinein" (S. 34) – „Sie floh nach Haus" (S. 47) – in diesem Spannungsfeld von Zuflucht und Flucht bewegt sich Ruths Verhältnis zur Familie Märzenich.*
Stell dir vor, am Abend von Vater Märzenichs Tod will Ruth schnell „in die Kammer huschen" (S. 47), um sich Wut und Enttäuschung, aber auch Wünsche und Hoffnungen für die Zukunft von der Seele zu schreiben. Verfasse eine solche Tagebucheintragung, die Einblicke gibt in Ruths Verhältnis zu den einzelnen Familienmitgliedern.

4.2 ❐ Gerd und Ruth – Eine tragische Liebesgeschichte

„Er liebt mich, er liebt mich nicht, er liebt mich ..." (S. 44) – unbestritten gestaltet sich das Verhältnis zwischen Gerd und Ruth in jeder Hinsicht problematisch.
Schon bei der ersten Begegnung der beiden wird dem Leser bewusst, dass es Gerd Märzenich als einfachem Handwerker schwer fällt, die vielen Nuancen des Judentums zu unterscheiden und Ruth auf dieser Ebene sensibel zu begegnen. So bezeichnet er sie als „barmherzige Samariterin" (S. 35), als er sie bei seinem kranken Vater antrifft, ohne zu registrieren, dass er mit dieser floskelhaften Redeweise Ruth als Jüdin beleidigt. Auch ihre Antwort – „Ich bin keine Samariterin. Das weißt du. Ich komme aus dem Stamm Levi" (S. 35) – tut er

als Nichtigkeit ab: „Ach ihr mit euren Stämmen. Wer soll sich da auskennen?" (S. 35). Plump und ungeschickt, wie er sich gibt, wird er von ihr als „Bär" (S. 36) bezeichnet.
Seiner Gefühle für die junge Frau scheint er sich jedoch sicher zu sein, plant er doch offenbar – trotz familiärer Unstimmigkeiten – bei einem heimlichen Treffen um Ruths Hand anzuhalten („,Was mag er nur haben, dass er mich hier treffen will?', dachte sie; doch ihr Lächeln verriet, dass sie es längst ahnte", S. 44).
„Schlechte Nachrichten" (S. 44) verhindern sein Vorhaben zunächst. Der Gesundheitszustand von Gerds Vater hat sich dramatisch verschlechtert, eine Kundin hat einen großen Auftrag zurückgezogen, die Mutter schiebt den geschäftlichen Verlust auf Gerds Zeugenaussage für den Juden Waldhoff und sieht weitere gesellschaftliche Nachteile daraus auf die Familie zukommen. Gerds Pantomimik versinnbildlicht die „Lähmung", die ihn angesichts der äußeren Umstände befällt und ihn in seinen Entscheidungen hemmt („[E]r saß da wie ein Holzklotz", S. 44), auch wenn er in Ruths Nähe zunächst wieder Halt zu finden scheint („Wenn ich bei dir bin, Ruth, dann ist es mir gleich, was die Leute sagen [...]", S. 46). Doch der Tod seines Vaters macht ihn regelrecht kopflos, sodass er nicht eingreift, als seine Mutter Ruth an der Schwelle des Hauses brüsk zurückweist (S. 47).

Gerd liebt Ruth, aber es ist dennoch keine Liebe ohne Wenn und Aber:

❒ *„Wenn ich bei dir bin, Ruth ..." (S. 46) – Erarbeitet in Gruppen die Diskrepanz zwischen den Liebesbekundungen Gerds und seinem tatsächlichen Verhalten der Partnerin gegenüber in Form eines Rollenspiels.*
Einer/Eine aus eurer Gruppe übernimmt die Rolle Gerds, die anderen bilden die „Beziehungsanalytiker". Im Wechselgespräch sollt ihr nun die Feststellung „Ich liebe sie" durch ein „aber ...", „und dennoch ...", „trotzdem ..." nuancieren, einschränken, widerlegen. Benutzt zur Vorbereitung die Textinformationen auf den Seiten 35 – 38 u. 43 – 47.

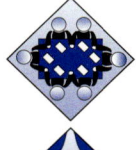

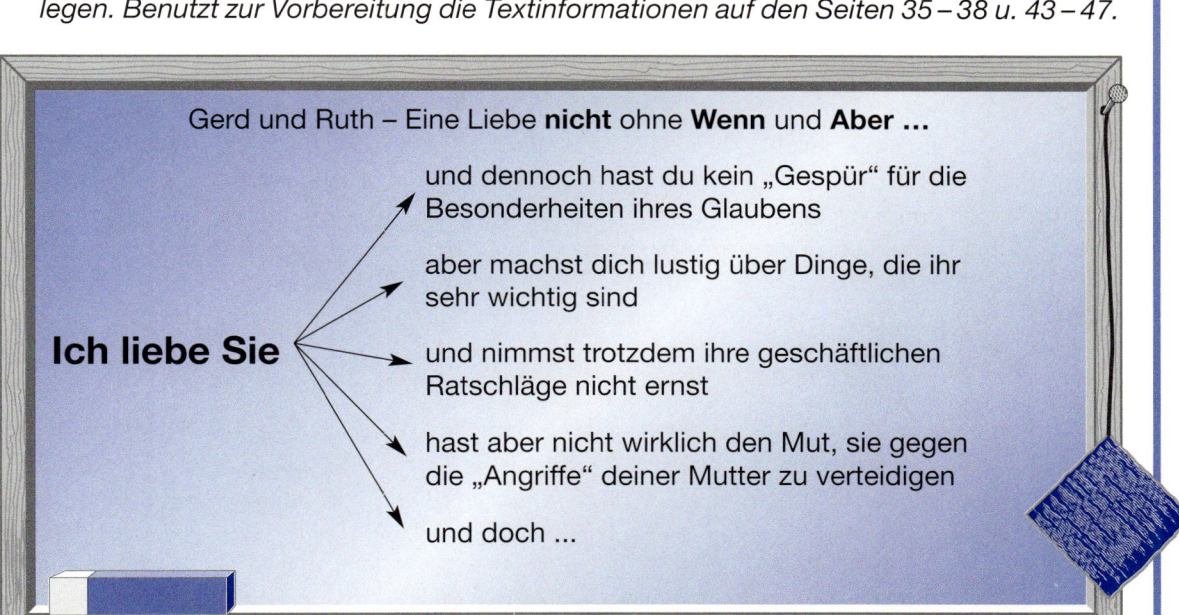

Gerd und Ruth – Eine Liebe **nicht** ohne **Wenn** und **Aber** ...

Ich liebe Sie

- und dennoch hast du kein „Gespür" für die Besonderheiten ihres Glaubens
- aber machst dich lustig über Dinge, die ihr sehr wichtig sind
- und nimmst trotzdem ihre geschäftlichen Ratschläge nicht ernst
- hast aber nicht wirklich den Mut, sie gegen die „Angriffe" deiner Mutter zu verteidigen
- und doch ...

Auch auf dem Schützenfest verhält sich Gerd Ruth gegenüber ambivalent. Zunächst ist er reserviert und sieht es nicht gern, dass sie unter den „neugierigen Blicken" (S. 71) seinen Arm greift („Sie spürte, wie Gerd sich über das Aufsehen ärgerte", S. 71). Beim gemeinsamen Tanz scheinen dagegen für kurze Zeit alle Probleme und Schranken aufgehoben („Sie tanzte nur mit Gerd. Keinen Tanz ließen sie aus", S. 72), die bewussten Sticheleien einzelner Festteilnehmer („Du meinst wohl, wir seien neidisch auf deine Jüdin?", S. 72) lassen dem jungen Mann aber „das Blut in den Kopf" (S. 72) schießen, was seine Unsicherheit im Umgang mit der öffentlichen Meinung verdeutlicht und seine Beeinflussbarkeit letztlich verständlich, wenn auch nicht entschuldbar macht. Gerd ist sich seines indifferenten Verhaltens bewusst („Bären sind manchmal dumm, weißt du", S. 73), vermag aber nicht über seinen eigenen Schatten zu springen, auch wenn er auf antijüdische Schmierereien trotzig reagiert (S. 75) und einer Schlägerei zur vorgerückten Stunde nicht aus dem Weg geht, während Ruth das Schützenfest verlässt und nach Hause flüchtet (vgl. S. 75ff.).

☐ *„Lass doch die dummen Jungen reden, Gerd" (S. 72) – Lies noch einmal die Seiten 68 bis 78 und untersuche das Verhalten der Schützenfestteilnehmer und die Reaktionen von Ruth und Gerd als Spiegel ihres Umgangs mit der öffentlichen Meinung.*

Erst unterschwellig und dann immer offener und unverschämter gestalten sich die „Angriffe" der Schützenfestteilnehmer gegen Gerd und Ruth, sodass am Ende der Begriff des „Kesseltreibens" durchaus seine Berechtigung hat, zumal sich der Unmut später von der persönlichen auf eine allgemeinere Ebene verlagert: „Judenschweine raus" (S. 76).

Die Ergebnisse der Textuntersuchung können schrittweise in folgende Tafelskizzen einmünden:

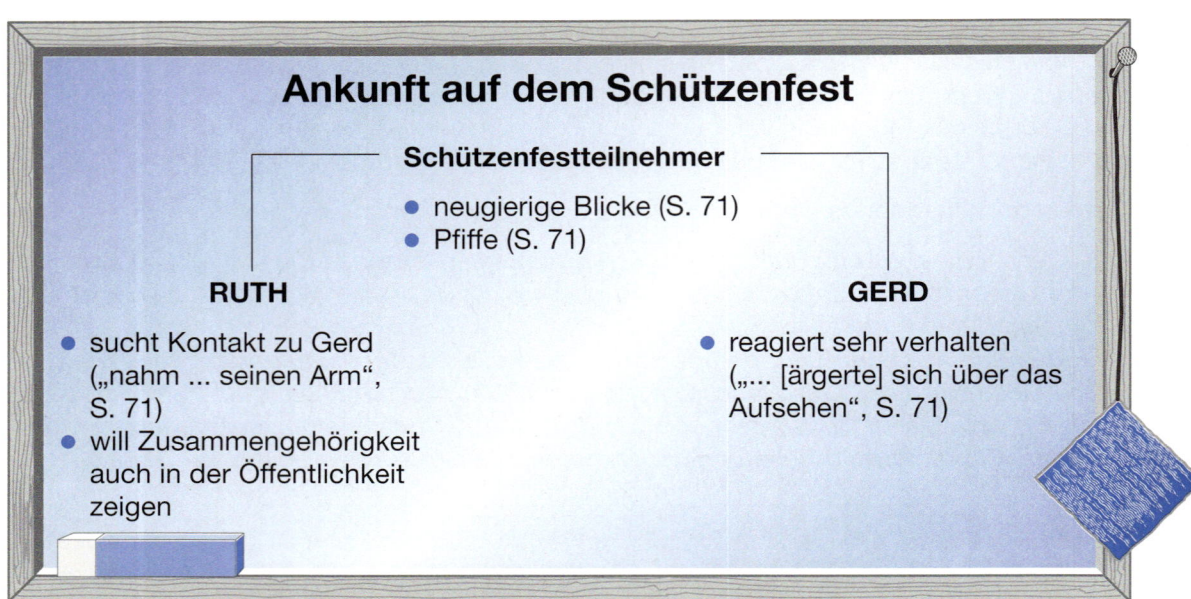

Ankunft auf dem Schützenfest

Schützenfestteilnehmer
- neugierige Blicke (S. 71)
- Pfiffe (S. 71)

RUTH
- sucht Kontakt zu Gerd („nahm ... seinen Arm", S. 71)
- will Zusammengehörigkeit auch in der Öffentlichkeit zeigen

GERD
- reagiert sehr verhalten („... [ärgerte] sich über das Aufsehen", S. 71)

Im weiteren Verlauf des Festes

RUTH
- Abwehrhaltung („Lass doch die dummen Jungen reden", S. 72)
- aufkeimendes Unbehagen („Ruth überlief es kalt", S. 72)
- Angst vor Konfrontation („Sie fürchtete sich vor der Rückkehr an den Tisch", S. 73)
- „Flucht" („lass uns gehen", S. 75)

Schützenfestteilnehmer
- offene „Angriffe"
  - Beleidigungen („ ... deine Jüdin", S. 72)
  - „geheime" Botschaften („Macht es Spaß mit dem Judenbiest?", S. 74)
  - Gerede in Gang setzen („Der Mehlbaum will dich sogar gesehen haben ...", S. 74)
  - Zurückweisung Ruths als Tanzpartnerin („Mit Jüdinnen nicht", S. 75)

GERD
- verhält sich auffallend passiv
- versucht die Situation zu überspielen
- schämt sich („Gerd schoss das Blut in den Kopf", S. 72)
- will dem Kontakt mit den anderen aus dem Weg gehen („Komm zurück, bat Ruth", S. 73)
- „Gegenwehr" zu wenig positionell („Das wäre ja noch schöner", S. 75)

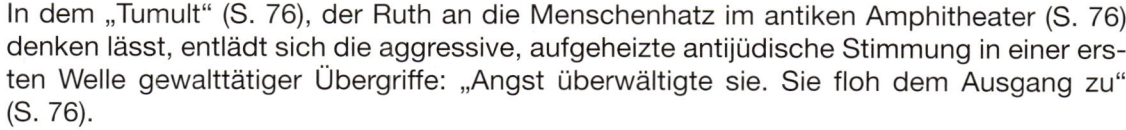

Eskalation und Ausweitung der Angriffe

- erste Übergriffe („Sie haben [Josefowitsch] arg zugesetzt", S. 75)
- offene Ablehnung („Judenschweine raus", S. 76)
- Auftakt zu Ausschreitungen („Eine Flasche flog", S. 76)
- Tumult und Ausschreitungen

In dem „Tumult" (S. 76), der Ruth an die Menschenhatz im antiken Amphitheater (S. 76) denken lässt, entlädt sich die aggressive, aufgeheizte antijüdische Stimmung in einer ersten Welle gewalttätiger Übergriffe: „Angst überwältigte sie. Sie floh dem Ausgang zu" (S. 76).

❏ *„Völlig erschöpft gelangte [Ruth] schließlich nach Hause" (S. 77) – Nach ihrer Rückkehr vom Schützenfest bringt Ruth ihre Gefühle in einer Tagebuchaufzeichnung zu Papier. Versetze dich in ihre Lage und schreibe ihre Gedanken und Ängste auf.*

4.3 ❏ Gruppenzwänge – Gerds Verrat

„Mit einem Male war er ihr ein Fremder geworden" (S. 109) – Die entscheidende Veränderung in Gerds Verhalten zeigt sich, als eine Reihe von fanatischen, anti-jüdisch eingestellten Stadtbewohnern die Scheiben am Haus der Waldhoffs einwerfen. Obwohl er – wie Ruth feststellt – den Lärm gehört haben müsste (S. 84), kommt er den Angegriffenen nicht zu Hilfe. Sigis Einwand „Er hat seine Kammer hintenheraus über der Werkstatt. Vielleicht hat er es verschlafen" (S. 84) vermag darüber nur halbherzig hinwegzutrösten. Als Sigi und sein Vater wenig später bei Gericht auf das Verhör durch Kommissar Hundt warten, bemerken sie Gerd, der ihnen so schnell wie möglich aus dem Weg geht und „sich an den Waldhoffs vorbei [drückt]" (S. 98). Sigi läuft ihm nach und trifft ihn im Kreise junger Männer. Die Geste stillen Einvernehmens innerhalb dieser Gruppe („Einer schlug ihm [i. e. Gerd, U. V.] auf den Rücken", S. 99) und ein offenbar anerkennendes „Endlich!" (S. 99) werfen ihre Schatten voraus – Gerds arrogante und höhnische Reaktion auf Sigis Versuch der Kontaktaufnahme („Gehst du nach Hause, Gerd?", S. 99) bezeugt eindringlich seinen Gesinnungswandel unter dem Einfluss des offenkundigen Gruppenzwangs („Für dich, Rotzbengel, immer noch Herr Märzenich, klar?", S. 99), eine Haltung, auf die sich Sigi (noch) „keinen Reim machen [konnte]" (S. 99), für die ihm aber bald darauf Karl Ulpius die Erklärung liefert: „Hast du nicht gehört, dass Gerd Märzenich seine Aussage geändert hat?" (S. 102).

Alles in allem präsentiert sich Gerd Märzenich dem Leser in seinem Handeln als durchaus zwiespältiger Charakter: Als junger Mann, der seiner Geliebten in vertrautem Kreis der Zweisamkeit die Aufrichtigkeit seiner Gefühle beteuert, aber auf der anderen Seite unter dem Blick der Öffentlichkeit in vielfacher Weise unentschlossen und wenig überzeugend agiert.

Die Charakterisierung einer Figur ist zugleich deutende Auseinandersetzung mit dem literarischen Text. Durch aufmerksames Lesen gewinnt das „Bild" der Figur Gestalt, wie ein Mosaik fügt sich Stein für Stein zu einem Gesamteindruck, den der Text seinen Lesern vermittelt. Die „Höhen und Tiefen" im Charakterbild Gerd Märzenichs bieten sich für eine solche Aufsatzform in besonderer Weise an.

❏ *„Er trat auf sie zu. Ruth wich zurück" (S. 109)* – Auf dem Arbeitsblatt 17 findest du Hinweise zur Erarbeitung einer Charakterisierung. Lies die Aspekte zunächst aufmerksam durch und überlege dann, wie du eine Charakterisierung Gerd Märzenichs anlegen würdest (Stichwortkatalog, Textverweise).

❏ *Wähle aus den folgenden Arbeitsangeboten zur Charakterisierung e i n e aus. Überlege zuvor, welche Anforderungen die einzelnen Aufgaben stellen, welche Aspekte für die Gestaltung wichtig sind und warum die verschiedenen Möglichkeiten zu durchaus nuancierten Ergebnissen führen (können).*

- *Verfasse eine Charakterisierung Gerds, wie sie sich für den Leser im Handlungsverlauf entfaltet.*

- *Charakterisiere Gerd durch eine andere Figur (z. B. durch Ruth, seine Mutter ...).*

- *Lass Gerd sich in einer Rollenbiografie selbst charakterisieren.*

Ruth ist angesichts der Nachricht von Gerds Verrat wie vor den Kopf geschlagen: „Es **ist** nicht wahr! [...] Es **kann** nicht wahr sein" (S. 105/106) – Es **darf** nicht wahr sein: „Wer weiß, was Herr Ulpius gehört hat. Die Leute reden so viel" (S. 105). Und doch ist sie zutiefst verunsichert, sodass es ihr nicht gelingt, „sich die dummen Gedanken aus dem Kopf [zu] schlagen" (S. 105), und sie – von innerer Unruhe getrieben – Gerd aufsucht. Zunächst scheint die Unterredung gut zu verlaufen. Gerd hat wieder Arbeit und strahlt vor Freude, zudem schenkt er Ruth als Liebesbeweis eine eigenhändig geschmiedete Kette. Doch die Freude ist wie weggeblasen, als Ruth – ohne es eigentlich zu wollen – dann doch die „Gretchenfrage" stellt: „Nicht wahr, du hast es nicht getan? [...] Sag, dass du nicht gegen Vater ausgesagt hast." (S. 108). Gerd zögert und windet sich zunächst („Ach Ruth, was hat das mit uns zu tun? Ich hab dich doch lieb", S. 108), gibt dann aber seinen Verrat zu, nicht jedoch ohne die „Verantwortung" für sein Versagen auf eine andere „Instanz" abzuschieben: „Sie haben mir gesagt, dass es dein Vater ist, der die ganze Geschichte verschuldet. [...] Mutter redet auf mich ein" (S. 109).

Am Ende seines Scheiterns steht der Verlust des Menschen, mit dem er sein Leben teilen wollte – Ruth wirft die Kette ins Feuer und geht.

Erst während des Prozesses kommt Gerd wieder zur Vernunft, sagt zugunsten von Bernhard Waldhoff aus und trägt damit entscheidend zum Freispruch bei (S. 172). Für diese Entscheidung bedankt sich Ruth, doch ihre Körperhaltung („[...] und blickte auf ihre Fußspitzen", S. 172) zeigt, dass das Band zwischen ihnen längst zerrissen ist. Eine Wiederaufnahme der Beziehung, wie sie Gerd vorschwebt, der als Geste der Versöhnung die Kupferkette bei sich trägt („In seinen groben Händen blitzte die Kupferkette", S. 172), dann allerdings kein Wort der Entschuldigung herausbringt („Viel wollte er ihr sagen, erklären, um Verständnis bitten. Aber die Mundwinkel zitterten nur ein wenig", S. 172), kommt für Ruth nicht in Betracht.

❏ *„Ein Lächeln huschte ihr über das Gesicht, ein gequältes Lächeln" (S. 173) – Nicht mehr zu kitten ist, was schon lange an der Missachtung der Wahrheit und der Wahrhaftigkeit zerbrochen ist.*
Wähle eine der folgenden Aufgaben zum abschließenden Resümee der tragischen Verstrickung der Ereignisse und der ebenso tragischen Liebesgeschichte.

- *„Lass es gut sein und noch einmal herzlichen Dank" (S. 173) – Ruth ist ein Mensch der leisen Töne, ein Wort des Dankes, aber kein Wort der Anklage. Fährmann hätte sie auch ganz anders reagieren lassen können. Greife an dieser Stelle verändernd in die Unterredung ein.*

- *„Viel wollte er ihr sagen [...]" (S. 172) – Gerd hat nie sein Wort erhoben und Stellung bezogen und auch bei dieser entscheidenden (Wieder-)Begegnung lässt der Autor seine Figur „verstummen" („[...] die Mundwinkel zitterten nur ein wenig", S. 172). Getan hat Gerd letztlich seine Bürgerpflicht, wenn auch spät. Was könnte er jetzt noch sagen? Verfasse eine solche Bitte „um Verzeihung" (S. 172).*

Interessant dürfte es sein, Fährmanns Entscheidung zur „Verweigerung" eines Happy-Ends aus der Sicht der Schüler und Schülerinnen als Leser selbst kommentieren zu lassen.

❏ *„Um vier Uhr war alles vorbei" (S. 173) – auch für Gerd und Ruth. Überlegt in Partnerarbeit, warum Fährmann auf ein Happy-End verzichtet hat, warum er den Leser nicht mit einer versöhnlichen Geste aus der Liebesgeschichte entlässt.*

Eine Charakterisierung verfassen – Tipps und Techniken

Die Charakterisierung einer literarischen Figur ist das Ergebnis einer genauen Beschreibung und Deutung der Textvorlage.
Dabei können folgende Teilgesichtspunkte berücksichtigt werden:

- Welche Bedeutung hat die Figur für das Geschehen (Hauptfigur, Nebenfigur …)?

- Erfährt der Leser etwas über die äußere Erscheinung, über Alter, Beruf und soziale Stellung?

- Welche Gewohnheiten, Einstellungen und Verhaltensweisen der Person, die „charakteristisch" (bezeichnend und wesensgemäß) sind, werden im Text deutlich?

- Wie wird die Person von anderen eingeschätzt?

- Welche Beziehung besteht zwischen der zu charakterisierenden Person und anderen Handlungsträgern des Textes? Nimmt die Person in besonderer Weise Einfluss auf die Lebensgestaltung anderer Personen oder ist sie dem Einfluss durch andere in besonderer Weise ausgesetzt?

- Welche Veränderungen, Entwicklungen im Äußeren und in Wesenszügen der Person werden im Text verdeutlicht? Diese Frage ist besonders bei längeren Texten, die einen größeren Zeitraum umspannen, von Bedeutung.

Aussagen zur Charakterisierung einer literarischen Figur stellen vielfach Deutungen dar, die durch den Text belegt werden müssen. Das gilt auch für die Kennzeichnung von äußeren Merkmalen, die auf größere Zusammenhänge verweisen. Wichtig ist es also, mit Zitaten zu arbeiten und sprachliche Besonderheiten zu benennen. Dazu gehören auch besondere Sprechweisen, Gesten usw., die von der Autorin oder dem Autor hervorgehoben werden. Wichtig ist, dass bei der Darstellung nicht so sehr der Inhalt der Textvorlage im Mittelpunkt steht, sondern die tatsächliche Charakterisierung der Figur.

Folgende Arbeitsschritte bieten sich für die Erstellung einer Charakterisierung an:

- Entsprechende Stellen sollten zunächst im Text markiert und am Rand mit Stichworten versehen werden.

- Anschließend sollte eine Sichtung des Materials erfolgen, indem zum Beispiel die Fragen oben stichwortartig beantwortet werden.

- Im nächsten Schritt wird nun der Aufbau der Charakterisierung festgelegt und die Schlüssigkeit des Aufbaus überprüft. Auch hier können die Fragen oben hilfreich sein.

- Nun erfolgt das Verfassen der Charakterisierung. Der aufgeschriebene Text sollte auch äußerlich durch Absätze gegliedert und somit leserfreundlich gestaltet sein.

EinFach Deutsch: Unterrichtsmodell: Es geschah im Nachbarhaus © Schöningh Verlag 2005

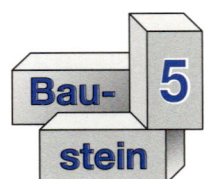

Von der Bedeutsamkeit der Freundschaft

5.1 ⬚ Karl Ulpius – Ein Junge bezieht Position

„Es ist nicht leicht, Sigis Freund zu sein, Vater" (S. 109) – Bereits durch die Wahl des Untertitels – „Die Geschichte eines gefährlichen Verdachts und einer **Freundschaft**" – verdeutlicht Fährmann seinen Lesern die zentrale Bedeutung dieses Aspektes innerhalb des Handlungsgeschehens. „Die Freundschaft zwischen Sigi und Karl weist [...] einen individuell möglichen Weg" (Fischer, S. 132) und bildet damit das positive Gegengewicht zur „tragische[n] Unausweichlichkeit" (Fischer, S. 133) der Liebesgeschichte zwischen Gerd und Ruth.

Für den alten Ulpius, Karls Vater, ist das Verhalten der Öffentlichkeit gegenüber den Juden als Fremdgruppe ein gefährlicher Nährboden für Vorurteile jeglicher Art. Kategorisch lehnt er es ab, „mit den Wölfen [zu] heul[en]" (S. 115), unterstreicht seine Einstellung in seiner positionellen Rede vor den „Aposteln" mehr als nur deutlich und „schwimmt" mit seinem aktiven Handeln notfalls auch „gegen den Strom" (S. 135ff.).

Die „kleine Welt" der Jungen bleibt von den Wogen, die sich um die Waldhoffs „auftürmen", scheinbar unberührt. Auch wenn Karl viele der jüdischen Lebensgewohnheiten fremd bleiben, so spielen diese religiösen Rituale in der kindlichen Verständigung gar keine Rolle. Sigi und Karl verbringen jede freie Minute zusammen und da geht es zunächst um Dinge wie verbotenes Kirschenpflücken vor der Stadt (S. 13f.), das gemeinsame Erleben des nächtlichen Fischfangs (S. 48ff.), um den Wettkampf der Dorfjugend beim Schlittenrennen (S. 115). Und doch schleichen sich die in der Erwachsenenwelt geschürten Vorbehalte auch in die Welt der Kinder und färben auf ihr Verhalten und ihre kommunikativen Strukturen ab („Bei der Pumpe standen Hein Schyffers und Norbert Schmalz. Sigi schlenderte zu ihnen hinüber. Sie verstummten, als er näher kam", S. 20). Lediglich Karl hebt sich aus der Riege der Jugendlichen in positiver Weise ab. Eine äußerst tolerante Erziehung in einem Elternhaus, das von der Gleichheit aller Menschen und Glaubensrichtungen ausgeht, hat ihn als Kind und auch später auf seinem weiteren Lebensweg geprägt und damit die Grundlage geschaffen für ein Modell christlich-jüdischer Verständigung und ein Miteinander in gegenseitiger Achtung.

Der aufkeimenden Furcht Sigis tritt Karl tröstend entgegen: „Was hast du, Sigi? Sind wir nicht Freunde?" – „Ja, Karl. Ich bin dein Freund." – „Und ich bin deiner, Sigi" (S. 17). Was zu Beginn der Handlung wie ein floskelhaftes Freundschaftsbekunden klingt, erweist seine wahre Bedeutung erst im weiteren Verlauf der Ereignisse, denn wirklich Rückgrat erfordert die Situation von Karl, als die Waldhoffs im Laufe des Ermittlungsverfahrens immer mehr in die Isolation gedrängt werden. Karl ist einer der wenigen, der den Kontakt zu Sigi und den übrigen Familienmitgliedern nicht aufgibt. Er bemüht sich nach Kräften auch aktiv für seinen Freund einzutreten.

⬚ *„Du bist ein Goldstück, Karl" (S. 149) – Die Freundschaft zwischen Sigi und Karl ist von so großer Bedeutung für Fährmann, dass er darauf selbst im Untertitel seines Buches hinweist.*

   – *Versucht zunächst in Partnerarbeit zu klären, was für euch Freundschaft bedeutet.*

   – *Untersucht nun, wie sich die Freundschaft der beiden Jungen im Verlauf der Geschichte gestaltet. Könnt ihr in ihrer Beziehung einige eurer Aspekte zum Thema „Freundschaft" wiederentdecken? Bei eurer Recherche könnt ihr euch u. a. auf die folgenden Seiten beziehen: S. 13 – 17; 30 – 32, 48 – 54; 85 – 90; 103 – 105; 109f.; 115 – 119; 132; 139 – 144; 156 – 150; 154f.; 158 – 168.*

Die Ergebnisse der Textarbeit können nach dem unten vorgegebenen Muster als Folienbild oder als Wandtapete gestaltet werden. Die fett gedruckten Begriffe sind dabei mögliche – von den Schülern und Schülerinnen genannte – Aspekte zum Thema „Freundschaft", die dann mithilfe der fiktionalen Beispielgeschichte inhaltlich „gefüllt" werden:

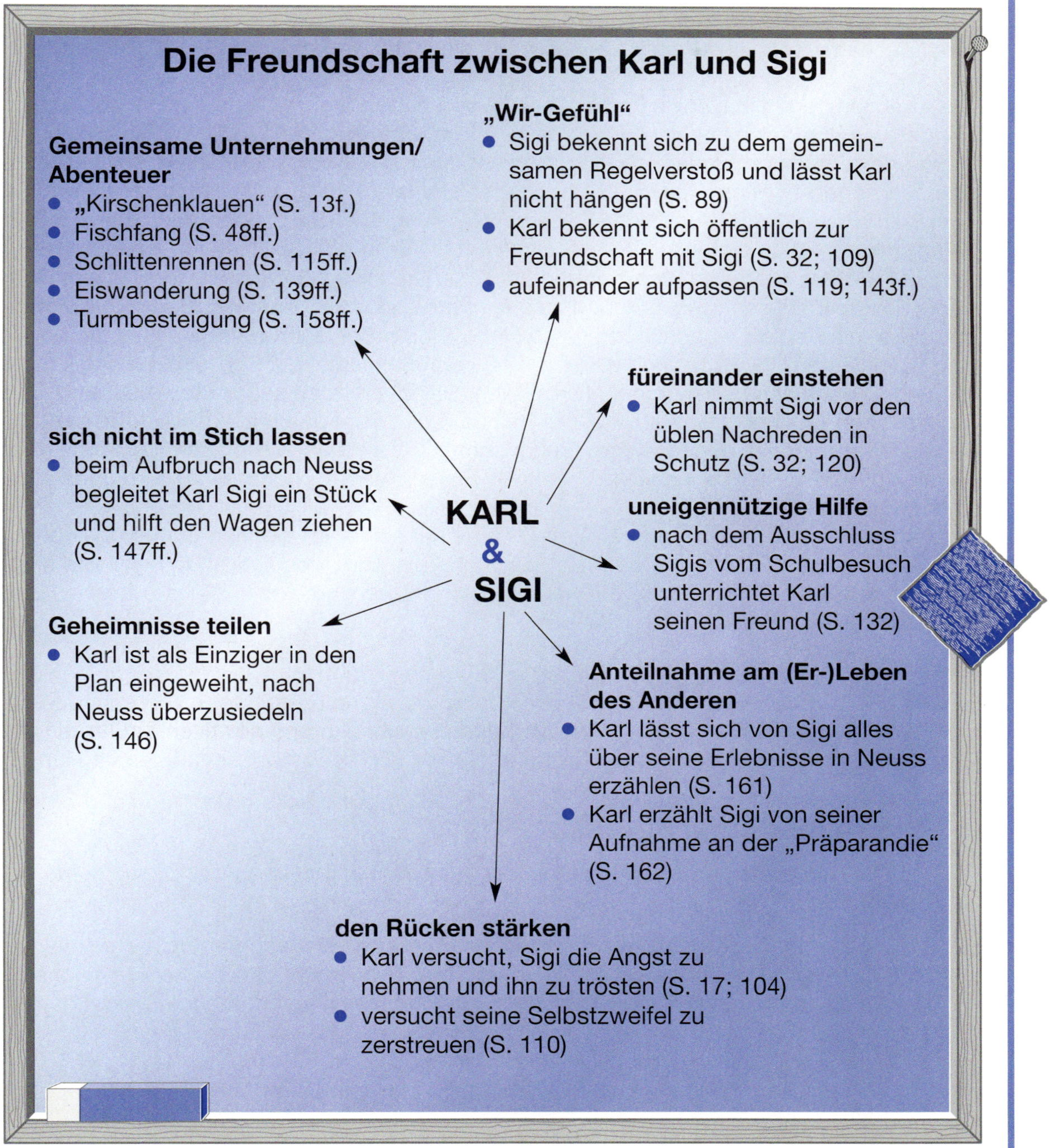

Die Freundschaft zwischen Karl und Sigi

„Wir-Gefühl"
- Sigi bekennt sich zu dem gemeinsamen Regelverstoß und lässt Karl nicht hängen (S. 89)
- Karl bekennt sich öffentlich zur Freundschaft mit Sigi (S. 32; 109)
- aufeinander aufpassen (S. 119; 143f.)

Gemeinsame Unternehmungen/ Abenteuer
- „Kirschenklauen" (S. 13f.)
- Fischfang (S. 48ff.)
- Schlittenrennen (S. 115ff.)
- Eiswanderung (S. 139ff.)
- Turmbesteigung (S. 158ff.)

füreinander einstehen
- Karl nimmt Sigi vor den üblen Nachreden in Schutz (S. 32; 120)

sich nicht im Stich lassen
- beim Aufbruch nach Neuss begleitet Karl Sigi ein Stück und hilft den Wagen ziehen (S. 147ff.)

KARL & SIGI

uneigennützige Hilfe
- nach dem Ausschluss Sigis vom Schulbesuch unterrichtet Karl seinen Freund (S. 132)

Geheimnisse teilen
- Karl ist als Einziger in den Plan eingeweiht, nach Neuss überzusiedeln (S. 146)

Anteilnahme am (Er-)Leben des Anderen
- Karl lässt sich von Sigi alles über seine Erlebnisse in Neuss erzählen (S. 161)
- Karl erzählt Sigi von seiner Aufnahme an der „Präparandie" (S. 162)

den Rücken stärken
- Karl versucht, Sigi die Angst zu nehmen und ihn zu trösten (S. 17; 104)
- versucht seine Selbstzweifel zu zerstreuen (S. 110)

Nur ein einziges Mal verlässt Karl sein Mut. Als Herr Waldhoff das erste Mal verhaftet wird, begleitet er die Familie nicht zum Bahnhof, in einer Situation, in der Sigi seinen Freund gern an seiner Seite gehabt hätte: „ [...] dass Karl nicht mit ihm gegangen war, das bedrückte ihn" (S. 103). Das Gespräch der Jungen nach Sigis Rückkehr macht die grenzenlose Enttäuschung auf Seiten Sigis deutlich: „Warum hast du mich allein gehen lassen?" (S. 103) – Diesem Vorwurf hat Karl nichts entgegenzusetzen, was sein abweichendes Verhalten rechtfertigen würde. „Karl schwieg verlegen" (S. 103) und entzieht sich der Stellungnahme: „Hör auf, Sigi!" (S. 103). Nur ein Einzelfall bleibt dieser Vorgang, nur ein dunkler Fleck trübt ihre Beziehung, die daran aber nicht zerbricht – auch darin zeigt sich wahre Freundschaft.

5.2 ❐ Freundschaft ist ... – Vater Ulpius' Beispielgeschichte

„Freundschaft spürst du erst richtig, wenn du in der Tinte sitzt" (S. 110) – Als „Ruhepunkte" eines nach „Entscheidung" drängenden Handlungsverlaufs haben die „eingestreuten Geschichten" im Erzählwerk Fährmanns immer eine „Schlüsselfunktion" – so auch die Freundschaftsgeschichte, die Karls Vater von sich und „Onkel Flint" (S. 110) erzählt.

Die Attacken gegen ihn, seine Familie, sein „Volk" haben Sigi im Laufe der Ereignisse hellhöriger gemacht, er ist – wie Karl bemerkt – „anders geworden" (S. 110), die Einsicht in Karls uneigennützige Freundschaft fällt ihm schwer, da er von allen Seiten Ab- und Ausgrenzung erfährt. „Hinter jedem Wort sucht er etwas" (S. 110) und aus dieser tiefen Verunsicherung und dem Wunsch nach Vergewisserung entspringt dann auch seine Frage: „Warum kommst du eigentlich immer noch zu mir? Bleib doch weg. Mach es doch wie alle" (S. 110). Das wiederum verunsichert auch Karl in seinem Bemühen, für Sigi einzustehen: „Es ist nicht leicht, Sigis Freund zu sein, Vater" (S. 109). Aber nicht nur Sigis Verhalten allein macht die Freundschaft so schwierig („Ich möchte ihn dann am liebsten boxen und davonlaufen", S. 110), auch der „Druck" von außen lastet auf Karl: „Keiner spielt mehr mit uns. Die Jungen gehen uns aus dem Weg. Manche heben sogar Steine auf und werfen sie hinter uns her" (S. 109). Aber er hält zu Sigi, „nicht aus Mitleid" (S. 110), sondern aus tief empfundener, gegenseitiger Freundschaft: „Trotz allem bin ich gern bei ihm. Er hält zu mir. Auch dann steht er neben mir, wenn es brenzlig wird. [...] Das ist doch Freundschaft, Vater, nicht wahr?" (S. 110)
Dieser zweifelnden Frage versucht Vater Ulpius mit seiner im eigenen Erleben gewonnenen Einsicht, dass man Freundschaft „erst richtig [spürt], wenn [man] in der Tinte sitzt" (S. 110), zu begegnen und diese Einsicht für seinen Sohn durch einen Teil der eigenen Biografie zu verdeutlichen.

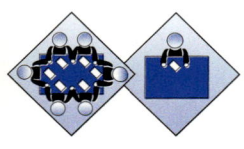

❐ *„Ist diese Geschichte eine Antwort auf deine Fragen?" (S. 115)* – Lies noch einmal aufmerksam Vater Ulpius' Erzählung (S. 110; 115).

  – *Welche Parallelen entdeckst du zur Situation von Sigi und seiner Freundschaft mit Karl?*

  – *Warum hat Fährmann die Geschichte zu diesem Zeitpunkt in die Handlung hineingenommen?*

  – *Zeige, inwieweit das eigene Erleben damals das Handeln von Vater Ulpius heute beeinflusst.*

❐ *„Viele haben ihr Leben lang keinen wirklichen Freund. Aber manchen wird es geschenkt" (S. 110). Hast du selbst schon einmal eine „Freundschaftsgeschichte" erlebt? Auf welche Weise hat dich das Erlebte in deinem Handeln beeinflusst? Wenn du willst, erzähle davon.*

5.3 ❐ Gegen das Vergessen – Karls Berufswunsch

„(...) weil ich (...) nicht will, dass eure Geschichte noch einmal in dieser Stadt geschehen soll" (S. 162) – die Ereignisse um die Waldhoff-Familie haben Karl in seiner Lebensplanung nachhaltig beeinflusst.
Mehr als „ein Vierteljahr" nach seinem Ausschluss vom Unterricht muss Sigi erkennen, dass „diese ewigen Ferien" doch nicht der „Zipfel des Paradieses" (S. 132) sind. Und so treibt ihn der „Hunger nach Lernen" (S. 132) dazu, Karl zu bitten, ihn zu unterrichten, und „[o]hne dass er es merkte, festigte sich Karls Plan, Lehrer zu werden, immer mehr" (S. 123).
Aber nicht primär die Hilfe für seinen Freund, die „nicht nur eine Last bedeutet" (S. 132), sondern ihm letztlich auch selbst zugute kommt („Dein Zeugnis vor Weihnachten wird erheblich besser", S. 132), wird zur Triebfeder seines Berufswunsches. Vielmehr hat er in zwei Lehrern „Vor-Bilder" gefunden, deren Verhalten ihn beeindruckt.

❐ „(...) so wie Dutt oder wie Coudi" (S. 125) – Untersucht in Partnerarbeit, was der Leser von beiden Lehrern im Verlauf der Handlung erfährt. Informationen liefern euch besonders die Kapitel 5, 14 und 16, aber auch einige „Nebenbemerkungen" in den Gesprächen zwischen den beiden Freunden. Haltet eure Textbeobachtungen tabellarisch fest.

Zwei Lehrer

Fräulein Duttmeier

- verabscheut das Kriegsspiel am „Sedanstag" (S. 85ff.)
- warnt vor der Schürung des Hasses durch Kriegsspiele (S. 88)
- tritt für „Friedenserziehung" ein (S. 86)
- betont die Bedeutung der Völkerverständigung (S. 88f.)
- hält mit ihrer Meinung auch bei ihrem Vorgesetzten nicht zurück (S. 86)
- ohrfeigt Siegried Wolters für die Demütigung u. Beschimpfung Sigis (S. 90)
- bringt ihren Unmut gegen Sigis Schulausschluss – auch ihren Schülern gegenüber – offen zum Ausdruck (S.104)
- scheut auch dabei eigene Unannehmlichkeiten nicht (S.104)

Herr Coudenhoven

- führt ein strenges „unerbittlich[es]" (S. 26) Regiment bei Fehlverhalten seiner Schüler (S. 11; 24ff.)
- vermittelt Sichtweisen u. „Belehrungen" über Anschauung und Anschaulichkeit (S. 62; 104; 125)
- will durch „Geschichten" Denkprozesse in Gang setzen (S. 104)
- nimmt Anteil an den Sorgen und Problemen seiner Schüler (S. 104)
- hört zu und
- steht Rede und Antwort (S. 104)
- nimmt seine Rolle als Erzieher und Berater ernst
- glaubt an das Regulativ der Wahrheit (S. 40)
- zeigt seinen Kummer über die Entwicklung der Ereignisse (S. 132)

als Vorbilder für Karl

Was Karl bei beiden Lehrpersonen in besonderer Weise beeindruckt, ist die Tatsache, dass sie Stellung beziehen, sich für ihre Überzeugung einsetzen und ein offenes Ohr haben. Und deshalb sieht Karl auch im Lehrerberuf eine große Chance für das Eintreten gegen Ungerechtigkeiten und das Vermitteln von mehr Menschlichkeit: „Man ist vorher da, kann erklären, Fragen beantworten, helfen (...)" (S. 125).

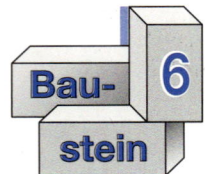

Literarisches Lernen

6.1 ☐ Vom Faktischen zum Fiktionalen – Die „Keimzelle" des Romans

„Diese scheußliche Geschichte, diese elende Geschichte" (S. 150) erweist sich keineswegs als ausschließlich schriftstellerisches Fantasieprodukt, sondern vielmehr als Teil einer realen Wirklichkeit, die im Akt der Gestaltung in literarische Wirklichkeit überführt wird. Grundlage von Fährmanns zahlreichen Jugendbüchern sind häufig „Stoffe [...] aus der Geschichte, die Antworten geben auf Fragen von heute" (Rheinischer Merkur, Nr. 49, 9.12.1994, S. 29). Auch in „Es geschah im Nachbarhaus" greift der Autor einen konkreten historischen Fall auf – den Xantener Knabenmord vom 29. Juni 1891 – und macht ihn zur „Keimzelle" seines literarischen Werkes. Fährmann „belässt die Tatbestände [...] in der originalen Zeit und am tatsächlichen Ort und folgt der wirklichen Chronologie der Vorgänge" (Fischer, S. 130). Gleichwohl verfolgt er mit diesem Bemühen „um Authentizität" (Fischer, S. 130) nicht primär das Ziel der „Dokumentation einer vergangenen Wirklichkeit" (Fischer, S. 130), das haben die Prozessakten bereits geleistet, denen die Aktualität des Augenblicks ebenso eigen ist wie das Schicksal schnellen Vergessens. Das literarisch Gestaltete hingegen „bildet feste, wiederholbare Texte" (Fischer, S. 120), die es ermöglichen, „Lernen in Gang [zu] setzen" (Fischer, S. 120), die Gegenwart auch als Spiegel der Vergangenheit zu begreifen und in historischen Ereignissen Muster menschlichen Verhaltens „freizulegen" – positive wie negative gleichermaßen.

Fährmanns Motivation des Schreibens, „die Welt zum Guten hin" zu verändern (echter, autorenportrait – Willi Fährmann), zielt darauf ab, das geschichtliche Bewusstsein zu schärfen im Dienste der Erkenntnis von der Veränderbarkeit der Welt durch ein Mehr an Menschlichkeit und in der Hoffnung „durch die Veränderung vieler einzelner Menschen" (echter, autorenportrait – Willi Fährmann) einen Beitrag zu leisten zu Verständigung und Toleranz.

Damit sich beim Leser Betroffenheit über das Erzählte überhaupt einzustellen vermag, scheint es methodisch sinnvoll, zunächst in einem ersten Zugriff an das Faktische im Fiktionalen (vgl. **Arbeitsblatt 18**, S. 79f.) zu erinnern, denn erst „[d]as Bewusstsein von der dargestellten Realität [...] fördert den kognitiven Zugriff auf Verhaltensweisen wie Antisemitismus, Ethnozentrismus, Fremdenfeindlichkeit und Intoleranz" (Fischer, S. 130).

☐ *Auf dem Arbeitsblatt 18 findest du eine Zusammenfassung des Tathergangs des so genannten „Xantener Knabenmordes", der Fährmann für sein Jugendbuch den „Stoff" lieferte. Lege nach der Lektüre der historischen Ereignisse eine tabellarische Übersicht an mit den Rubriken A) **Fakten**, B) **Erzählung** und stelle die inhaltlichen Aspekte der Fährmann-Erzählung den Tatabläufen gegenüber.*

Will man die Einführung in den faktischen Handlungsverlauf aus zeitökonomischen Gründen verkürzen, kann sie durch Vorgabe der Rubrik „Fakten" mit der Aufgabe, entsprechende Parallelen aus der Lektüre zu ergänzen (**Arbeitsblatt 19**, S. 81f.), auch als vorbereitende Hausaufgabe gestellt werden.

6.2 ☐ In den Köpfen nichts bewegt – Von der Ohnmacht des Einzelnen

„Zu wenige Menschen waren wie Karl Ulpius" (S. 174) – Fährmann bedient mit seinen Büchern nicht das Bedürfnis der jugendlichen Leser nach leichter (Lese-)Kost durch eine harmonische oder harmonisierende Erzählweise. Credo des Autors ist es, mit seinen in ihren

Handlungsmustern scharf umrissenen Figuren Modelle zu schaffen, die keine Lösung(en) anbieten, sondern zur kritischen Stellungnahme und eigener Positionssuche auffordern. So fehlt es auch dem Roman „Es geschah im Nachbarhaus" an einem wirklich versöhnlichen Schluss. Zwar steht am Ende der Freispruch Waldhoffs, nicht aus Mangel an Beweisen, sondern „wegen erwiesener Unschuld" (S. 173), er ändert aber nichts am Heimatverlust der Familie („Wir werden nicht mehr zurückkehren", S. 173). Das einst gut nachbarschaftliche Verhältnis ist durch Misstrauen und üble Nachrede nachhaltig gestört („Ich muss den Blick niederschlagen, wenn ich den Nachbarn begegne", S. 173), die Existenzgrundlage entzogen („Das Geschäft ist ruiniert", S. 173), das Heim „zerstört" (S. 173), eine Rückkehr in alte Lebensgewohnheiten undenkbar („Ich bekomme eine Gänsehaut, wenn ich die Häuser, die Tore, die Türme sehe", S. 173). Was bleibt, ist zunächst die Hoffnung auf einen Neuanfang in „eine[r] andere[n], in eine[r] große[n] Stadt" (S. 173), in der eine unbelastete, vorurteilsfreie Begegnung mit den Mitmenschen zumindest möglich erscheint.

Die Mordtat an sich bleibt überdies letztlich ungesühnt, da der Landstreicher Jan Maaris als vermuteter Täter Selbstmord begeht, seine Täterschaft somit aber nicht bewiesen werden kann: „Wer soll es wohl sonst gemacht haben, wenn nicht Jan Maaris?" (S. 174) – Letzte Zweifel bleiben.

Aber bei diesem „letzten Kapitel" lässt Fährmann es nicht bewenden, sondern eröffnet mit seinem Schlusswort („Kein Kapitel mehr, aber es gehört doch dazu") ein neues Handlungsfeld, das die Ereignisse um die Waldhoffs vom „Einzelfall ins Allgemeine" (S. 173) hebt und seinen Roman „in den unmittelbaren Zusammenhang mit dem Holocaust" (Fischer, S. 133) stellt. Die „Geschichte" der Waldhoffs hat nur scheinbar ein Ende gefunden – auf diesen Weg der Erkenntnis will der Autor seine Leser bringen.

❒ *„(...) und Schlimmeres geschah in den folgenden Jahren" (S. 174) – Versetze dich in die Lage des Autors Willi Fährmann. Warum hat er dem letzten Kapitel seines Buches noch ein weiteres hinzugefügt? Welche Autorintention verbindet er mit dieser Entscheidung? Schreibe einen argumentativen Text in Form eines „Leserbriefs" zu dieser Frage.*

Viel Zeit ist seit damals vergangen – „neunundfünfzig Jahre alt" (S. 174) wird Karl Ulpius, als er im Jahre 1938 die schmerzliche Erfahrung machen muss, dass sich „[i]n siebenunddreißig Lehrerjahren" (S. 173), in denen er „über sechshundert jungen Menschen das Schicksal der Waldhoff-Familie erzählt [hat]" (S. 174), nur wenig in den Köpfen der Menschen verändert hat. Die „Warnung" der Verteidiger im Prozess gegen Bernhard Waldhoff, „dass solch ein Schicksal jeden treffen könne, wenn nicht endlich Menschlichkeit und Achtung vor der Person jedes Menschen in allen Köpfen und Herzen Hausrecht habe" (S. 173), hat sich einmal mehr bewahrheitet.

Die „Erinnerungsspur" des Lehrers Ulpius „führt von der Verfolgung einer jüdischen Familie des 19. Jahrhunderts geradewegs zum Judenpogrom vom 9. November 1938 und zum Holocaust" (Fischer, S. 121).

❒ *„Trotzdem ereignete sich diese Nacht des Schreckens und der Schuld" (S. 174).*

– *Informiere dich zunächst über die Ereignisse der „Reichspogromnacht". Dazu kannst du das **Arbeitsblatt 20** als erste Informationsquelle benutzen, aber auch dein Geschichtsbuch oder das Internet zu Rate ziehen.*

– *Karl Ulpius hat schon in der jungenhaften Freundschaft zu Sigi Waldhoff den Mut bewiesen, sich im Kleinen zu widersetzen. Stell dir vor, auch als Lehrer besitzt er die Courage, seinen Schülern nach der Kristallnacht mahnend entgegenzutreten. Entwirf eine kleine Ansprache, die er zu Beginn einer Unterrichtsstunde halten könnte.*

Die „Kristallnacht" als „Nacht des Schreckens und der Schuld" (S. 174) lässt den Lehrer vor dem Hintergrund der eigenen schrecklichen Erfahrungen in seiner Jugendzeit „Schlimmeres" (S. 174) für die kommenden Jahre erahnen – und er sollte Recht behalten. Die „Geschichte" von Waldhoffs Schwiegervater (S. 9) findet ihre Wiederholung in der „Geschichte" Waldhoffs, 1938 – fast ein Menschenleben später – wieder eine „Geschichte" von Fremdenfeindlichkeit und Intoleranz, deren Ende noch weitaus entsetzlicher sein wird.

Die historische Dimension, die durch die Beschäftigung mit diesem Thema angestoßen wird, eröffnet den Schülern und Schülerinnen die Möglichkeit, das Heute als Teil einer geschichtlichen Entwicklung zu begreifen, um aus den Defiziten des Vergangenen (hoffentlich) für das Zukünftige zu lernen.

Das **Arbeitsblatt 21** (S. 85f.) mag als „Aufhänger" dienen, den Schülern und Schülerinnen die geschichtliche Dimension des Themas ins Bewusstsein zu rücken und neugierig zu machen auf unterschiedliche Formen und Ausprägungen des „in Vergangenheit und Gegenwart wirkende[n] Antisemitismus mit seinen Vorurteilen und schändlichen Handlungen" (Fischer, S. 121).

❏ *„So etwas kommt sicher nie wieder" (S. 17). – Die Ereignisse haben Karl Ulpius damals eines Besseren belehrt und am Ende des Romans ist er als lebenserfahrener Mann frei von jeglichen Illusionen.*

__Arbeitsblatt 21__ gibt dir eine erste Zusammenfassung der Ereignisse, die Karl Ulpius in ihrer ganzen Tragweite erst erahnen kann.

Vielleicht habt ihr Interesse, das Thema „Umgang mit Minderheiten am Beispiel des jüdischen Volkes" zusammen mit eurem Geschichtslehrer/eurer Geschichtslehrerin einmal historisch zu betrachten und in seinen verschiedenen Ausprägungen und Auswirkungen zu beleuchten.

Die Projektergebnisse könnt ihr dann in vielfältiger Form euren Mitschülern und Mitschülerinnen präsentieren (Schaukästen, Collagen, Projektzeitung ...)

In Kenntnis der methodischen Kompetenz der Schüler und Schülerinnen, der Interessenlage am Thema und vor allem der zur Verfügung stehenden Zeit muss der Unterrichtende entscheiden, ob im konkreten Fall die Voraussetzungen gegeben sind, in einem abschließenden (projektartigen) Exkurs die *historische* Dimension als neues Handlungsfeld in einem weiteren als nur informativen Rahmen „anzustoßen", zu recherchieren, aufzuarbeiten und auszuwerten.

6.3 ❏ Texte dagegen – Eine Lese- und Schreibwerkstatt

„Was heute euch geschehen ist, das kann sich morgen bei einem anderen wiederholen" (S. 163). – Dem Beispiel von Karl Ulpius zu folgen und „immer wieder durch das Erzählen von Geschichten die Jugend aufzuklären und zu mahnen" (Fischer, S. 133) ist Fährmanns Anliegen als „Geschichtenerzähler" und zugleich Botschaft an seine Leser. Seine Werke kommen einem Literaturunterricht entgegen, der darauf abzielt, „die reine Erlebnishaltung bei der Rezeption in eine problemorientierte Arbeitshaltung zu überführen" (Fischer, S. 134). Im Verlauf des Unterrichtsmodells ging es immer wieder um einen Prozess der „doppelseitigen Annäherung", in der der Text nicht nur auf den Rezipienten einwirkt, sondern dieser sich seinerseits auf den Text zubewegt. Verschiedene schülerorientierte, produktive Arbeitsformen haben die Schüler und Schülerinnen immer wieder dazu eingeladen, sich auf einen handelnd-erprobenden Umgang mit Literatur einzulassen.

Wer sich rezeptiv und interpretierend mit Literatur auseinander setzt, sollte sich zudem irgendwann einmal mit den Bedingungen ihrer Produktion vertraut gemacht haben. Darauf zielt auch das **Projekt: Texte dagegen – Eine Lese- und Schreibwerkstatt** ab (**Arbeitsblatt 22**, S. 87). Eigene Schreibprozesse, wie sie hier angebahnt werden, zielen nicht auf ganz freie Schöpfungen, sondern leiten an „zur Produktivität innerhalb eines Spielraumes" (Müller-Michaels, Deutschkurse, S. 150). Sie bieten darüber hinaus den Schülern und Schülerinnen die Gelegenheit zu einer individuellen Auseinandersetzung mit dem Thema. Attraktivität gewinnt eine solche Lese- und Schreibwerkstatt, wenn sie etwa als „literarisches Café" gestaltet wird. Indem die geistige „Nahrung" durch Nahrung für das leibliche Wohl ergänzt wird, können das Stöbern in Texten und die Textproduktion in entspannter, kommunikativer Atmosphäre für die Schüler und Schülerinnen zu einem erlebnisreichen (Projekt-)Nachmittag werden.

Der „Xantener Knabenmord"

Tathergang nach den Prozessprotokollen

In den Jahren 1891 und 1892 versetzte ein seltsames Verbrechen die Öffentlichkeit am unteren Niederrhein in Aufregung. Die deutsche wie die internationale Presse befasste sich über ein Jahr
5 lang ausführlich mit den Ereignissen. In den Zeitungen wurden die Prozessprotokolle über die Verhandlung des „Xantener Knabenmords vor dem Schwurgericht in Cleve" abgedruckt. In dem Verfahren, das vom 4. bis zum 14. Juli 1892 durch
10 geführt wurde, untersuchte man die Vorgänge in allen Einzelheiten. Die Zeitungsberichte zeichnen ein anschauliches Bild.
Am 29. Juni 1891, dem Fest Peter und Paul, wird der kleine Jean Hegemann tot in einer Scheune
15 gefunden. Der herbeigerufen Arzt Dr. Steiner bestimmt die Todeszeit kurz vor oder nach Mittag. Zunächst werden der schwachsinnige Drechsler Kippenberg, ein Onkel des Jungen, und zwei Landstreicher, die am fraglichen Tag gesehen wur
20 den, der Tat verdächtigt. Da nur wenig Blut bei der Leiche liegt, entsteht das Gerücht vom Ritualmord: Der Kaufmann und Viehhändler Heinrich Junkermann äußert am 30. Juni gegenüber Bürgermeister Schleß die Vermutung, der in der Nä
25 he des Fundorts wohnende jüdische Metzger und Schächter Adolf Buschhoff, der gelegentlich auch Grabsteine fertigt, habe einen rituellen Mord begangen. Vom 2. Juli an verhört Amtsrichter Risbrock alle nur möglichen Zeugen. Ihm und Krimi
30 nalkommissar Verhülsdonk aus Krefeld, der am 16. Juli zu seiner Unterstützung eintrifft, gelingt es nicht, den Fall aufzuklären. Allerdings erinnern sich mit dem zeitlichen Abstand vom Mordtag die angeblichen Zeugen immer genauer. Der Tage
35 löhner Mölders zum Beispiel will sieben Tage nach dem Mord beobachtet haben, wie am Tattag ein Kind von der Straße weg in Buschhoffs Haus gezogen wurde. Der zehnjährige Gerd Heister weiß am Ende des Monats sogar, es habe sich um den
40 kleinen Jean gehandelt. Schließlich gibt noch der Kutscher Mallmann am 21. Juli zu Protokoll, er habe am Mordtag die Tochter Hermine Buschhoff einen Sack über den Hof tragen sehen, der wohl das getötete Kind enthielt. Mit der Dauer der Untersu
45 chung wächst die Erregung in der Bevölkerung. Die Leute sind sich der Täterschaft und des magisch-mystischen Hintergrunds des Verbrechens

sicher. Sie verdächtigen die Familie Buschhoff und die Juden insgesamt der Tat und meiden sie im alltäglichen Umgang. Der Klempner Wilhelm Ul-
50 lenboom, der seinem Freund Buschhoff ein eindeutiges Alibi ausstellt, erhält keine Aufträge mehr. Es kommt zu Zusammenrottungen vor dem Haus der Buschhoffs. Fenster werden eingeworfen, Türen beschädigt. Beim Schützenfest steigert sich
55 der Hass dergestalt, dass die Juden aus dem Saal geprügelt werden. Die Juden suchen sich gegen die Anschuldigungen zu wehren. Sie verpflichten einen bekannten Detektiv, den Kriminalkommissar Wolff aus Berlin, der am 25. September mit seiner
60 Arbeit beginnt. Am 14. Oktober nimmt Kommissar Wolff eine Hausdurchsuchung bei Buschhoff vor. Er beschlagnahmt alle Messer sowie einen blutverschmierten Sack, der nach den Angaben des Eigentümers beim Fleischpökeln benutzt
65 wurde. Aufgrund dieser Sachverhalte entwickelt der Beamte eine Theorie des Tathergangs: Der Junge habe Grabsteine in Buschhoffs Hof beschädigt, sei von diesem ins Haus gezogen und bestraft worden. Jean, ein sensibles Kind, sei vor
70 Angst in Ohnmacht gefallen. Buschhoff habe dann, von Entsetzen gepackt, den tödlichen Schnitt beigebracht und den Körper später durch seine Tochter in der Scheune niederlegen lassen. Am 20. Oktober beginnt Landgerichtsrat Brixius
75 aus Krefeld mit seinen Voruntersuchungen und lässt Adolf Buschhoff am 21. Oktober verhaften. Kommissar Wolff reist am 24. Oktober ab, ohne Beweise herbeigeschafft und etwas zur Erhellung des Falles beigetragen zu haben. Als der Schwie-
80 gersohn von Brixius, der Rechtsanwalt Dr. Fleischer, die Verteidigung des Verdächtigen übernimmt, wird die Sache ein Gegenstand der politischen Auseinandersetzung. Der Zentrumsabgeordnete Adolf Stöcker bringt die Angelegen-
85 heit im preußischen Abgeordnetenhaus in Potsdam zur Sprache und fordert den Justizminister zum Eingreifen auf. Am 23. Dezember sehen Landgerichtsrat Brixius und der Staatsanwalt keine Rechtfertigung mehr, den Beschuldigten in
90 Untersuchungshaft zu halten. Adolf Buschhoff flieht zu Verwandten. Die Presse jedoch heizt die antijüdische Stimmung weiter an. Es werden Schmähschriften in Umlauf gesetzt. Hassgesänge vom „Schächter Buschhoff" machen die Run-
95 de. Dem Untersuchungsrichter wirft man eine lasche und verschleiernde Arbeitsweise vor.

EinFach Deutsch: Unterrichtsmodell: Es geschah im Nachbarhaus © Schöningh Verlag 2005

Kreisphysikus Dr. Bauer glaubt am 1. Februar 1892 das Tatwerkzeug unter den beschlagnahm-
100 ten Messern entdeckt zu haben. Daraufhin wird Brixius durch Landgerichtsrat Birk ersetzt und Buschhoff am 8. Februar wieder verhaftet. Gleichzeitig erfolgt die Anklageerhebung. In drei Gutachten, die der „Xantener Bote" am 3. März ver-
105 öffentlicht, wird die Wunde am Hals des Kindes „ohne Zweifel als Schächterschnitt" beschrieben. Nun nimmt das Verfahren seinen Lauf. Der Prozess beginnt am 4. Juli mit über hundert Zeugen der Anklage. Die Verteidigung benennt zwanzig
110 Entlastungszeugen. Medizinalrat Dr. Kirchgässer aus Koblenz weist in seinem Gutachten die These vom Schächterschnitt zurück. Der Professor der semitischen Sprachen Nöldeke aus Straßburg bestätigt, dass der Talmud den Juden an keiner
115 Stelle die Tötung von Andersgläubigen erlaube oder gebiete. Das Gericht greift jeden Hinweis auf und überprüft jede Aussage, obwohl das Alibi des Angeklagten von vornherein als lückenlos gilt. Der Zeuge Mallmann verwickelt sich ständig in Wider-

sprüche. Lediglich die Aussagen des Zeugen Möl- 120 ders und des Kindes Heister belasten Adolf Buschhoff, sie widersprechen sich jedoch in wichtigen Einzelheiten. Das Gericht reist am 13. Juli zur Ortsbesichtigung nach Xanten. Der beabsichtigte Militärschutz unterbleibt. Die Bevölkerung verhält 125 sich ruhig. Das Buschhoff'sche Haus ist verwüstet. Die Vorderseite ist mit schwarzen Kreuzen und mit der Aufschrift „Mörderhaus" beschmiert. Die Untersuchung ergibt keine neuen Erkenntnisse. Oberstaatsanwalt Hamm bedauert in seinem Plä- 130 doyer, dass der Gegenstand der Verhandlung zu einem Kampf- und Hetzmittel der politischen Parteien geworden ist. Er beantragt Freispruch. Am 14. Juli 1892 lautet der Spruch der Geschworenen: Nicht schuldig. Adolf Buschhoff verlässt das 135 Landgericht als freier Mann. Mit dem Zug reist er – an Xanten vorbei – nach Köln zurück. Die Tat aber bleibt unaufgeklärt und ungesühnt.

Aus: Helmut Fischer, Es geschah im Nachbarhaus, aus: M. Born (Hrsg.), Entdeckungsreisen. Fährmann für die Sekundarstufe © 2002 by Arena Verlag GmbH, Würzburg

EinFach Deutsch: Unterrichtsmodell: Es geschah im Nachbarhaus © Schöningh Verlag 2005

Der Knabenmord –
Faktischer und fiktionaler
Handlungsverlauf

A) Fakten

1. Auffinden der Leiche des fünfjährigen Johann Hegemann am 29.06.1891 durch die Dienstmagd Dora Moll
2. Feststellung des Arztes Dr. Steiner: Blutentzug. Verdacht gegen den Onkel des Jungen und zwei Landstreicher
3. Beschuldigung des Juden Adolf Buschhoff durch Heinrich Junkermann am 30.06., Gerücht vom Ritualmord
4. Zeugenverhör durch Amtsrichter Risbrock ab 02.07.
5. Untersuchung durch Kommissar Verhülsdonk aus Krefeld
6. Belastende Aussagen der Zeugen Mölders, Heister, Mallmann
7. Erregung der Bevölkerung, Alibizeuge Ullenboom ohne Arbeit, Demolierung des Hauses, Ausschreitungen gegen Juden
8. Untersuchung durch Kommissar Wolff aus Berlin ab 25.09., Haussuchung am 14.10., Beschlagnahme von Messern und Sack
9. Wolffs Theorie über Tatmotiv und Tathergang
10. Voruntersuchung durch Landgerichtsrat Brixius am 20.10., Verhör der Familie Buschhoff, Verhaftung Buschhoffs am 21.10.
11. Verteidigung durch Dr. Fleischer, Befangenheitsvorwurf gegen Brixius, Anfrage des Abgeordneten Stöcker im Abgeordnetenhaus
12. Entlassung Buschhoffs aus der Untersuchungshaft am 23.12.
13. Angeblich neue Indizien am 01.02.1892, Landgerichtsrat Birk eingesetzt, Wiederverhaftung Buschhoffs am 08.02.1892
14. „Gutachten" im „Xantener Boten" am 03.03., Ritualmordbeschuldigung verstärkt
15. Prozessbeginn am 04.07. vor dem Landgericht Kleve, Zeugen
16. Ortsbesichtigung in Xanten am 13.07.
17. Freispruch am 14.07.

Aus: Helmut Fischer, a. a. O., S. 138f.

B) Erzählung

☐ *Fährmanns Jugendbuch basiert auf einer wahren Begebenheit. Vergleiche die „Fakten" des Xantener Knabenmordes mit den Elementen der Romanhandlung und halte in der nebenstehenden Spalte Parallelen fest. Gib auch die entsprechenden Seitenzahlen als Fundstellenhinweise an.*

EinFach Deutsch: Unterrichtsmodell: Es geschah im Nachbarhaus © Schöningh Verlag 2005

Der Knabenmord – Faktischer und fiktionaler Handlungsverlauf

A) Fakten

1. Auffinden der Leiche des fünfjährigen Johann Hegemann am 29.06.1891 durch die Dienstmagd Dora Moll
2. Feststellung des Arztes Dr. Steiner: Blutentzug. Verdacht gegen den Onkel des Jungen und zwei Landstreicher
3. Beschuldigung des Juden Adolf Buschhoff durch Heinrich Junkermann am 30.06., Gerücht vom Ritualmord
4. Zeugenverhör durch Amtsrichter Risbrock ab 02.07.
5. Untersuchung durch Kommissar Verhülsdonk aus Krefeld
6. Belastende Aussagen der Zeugen Mölders, Heister, Mallmann
7. Erregung der Bevölkerung, Alibizeuge Ullenboom ohne Arbeit, Demolierung des Hauses, Ausschreitungen gegen Juden

8. Untersuchung durch Kommissar Wolff aus Berlin ab 25.09., Haussuchung am 14.10., Beschlagnahme von Messern und Sack
9. Wolffs Theorie über Tatmotiv und Tathergang
10. Voruntersuchung durch Landgerichtsrat Brixius am 20.10., Verhör der Familie Buschhoff, Verhaftung Buschhoffs am 21.10.
11. Verteidigung durch Dr. Fleischer, Befangenheitsvorwurf gegen Brixius, Anfrage des Abgeordneten Stöcker im Abgeordnetenhaus
12. Entlassung Buschhoffs aus der Untersuchungshaft am 23.12.
13. Angeblich neue Indizien am 01.02.1892, Landgerichtsrat Birk eingesetzt, Wiederverhaftung Buschhoffs am 08.02.1892
14. „Gutachten" im „Xantener Boten" am 03.03., Ritualmordbeschuldigung verstärkt
15. Prozessbeginn am 04.07. vor dem Landgericht Kleve, Zeugen
16. Ortsbesichtigung in Xanten am 13.07.
17. Freispruch am 14.07.

Aus: Helmut Fischer, a. a. O., S. 138f.

B) Erzählung

Nachricht vom Mord an Jean Seller verbreitet sich am Peter- und Paulstag (S. 5 – 8)

Vermutungen über die Todesart (S. 7 – 10), Verdächtigung von Landstreichern (S. 10)

Verhör des Juden Bernd Waldhoff durch den Bürgermeister aufgrund der Beschuldigung durch Mehlbaum (S. 11)

Eintreffen des Kommissars aus Düsseldorf (S. 29 – 33)
Aussagen des Zeugen Mehlbaum (S. 19 – 39)

Zahlreiche Einzelheiten: Beschuldigung der Juden (S. 12, 33, 78), Schächterschnitt (S. 13), Nachteile für Entlastungszeugen (S. 46, 92), Hausdemolierung (S. 82, 135), antijüdische Prügelei beim Schützenfest (S. 68 – 77)

Die Juden holen Kommissar Hundt aus Berlin (S. 64), Haussuchung und Beschlagnahme (S. 94)

Kommissar Hundts Vermutungen (S. 96)
Vernehmung des Juden Waldhoff
Kommissar Hundt (S. 97)
Verhaftung (S. 102)
Anfrage des Abgeordneten Giesel im Reichstag (S. 80)

Rückkehr Waldhoffs am Heiligabend (S. 130)

Wiederverhaftung Waldhoffs (S. 145)

Bericht des Herrn Ulpius über den Prozessverlauf (S. 150 – 154)
Ortsbesichtigung unter Militärschutz (S. 155)
Urteilsverkündung, erwiesene Unschuld (S. 170)

EinFach Deutsch: Unterrichtsmodell: Es geschah im Nachbarhaus © Schöningh Verlag 2005

Die Reichskristallnacht

Der 9. November 1938 markiert
den Umschlag staatlichen Handelns von legislativer und admi-
nistrativer Diskriminierung der jü-
5 dischen Minderheit zur brachialen
Gewalt. Als Vorwand diente das
Attentat des 17-jährigen Herschel
Grünspan auf Ernst vom Rath, einen Beamten der deutschen Bot-
10 schaft in Paris. Der junge Jude
hatte protestieren wollen gegen
die brutale Abschiebung von
17 000 Juden polnischer Nationa-
lität aus Deutschland im Oktober
15 1938. Der Diplomat starb am
9. November. Im Alten Rathaus in
München waren zu diesem Zeitpunkt NS-Größen versammelt,
die dort wie jedes Jahr ihre Tradi-
20 tionsfeier zum Putschversuch von
1923 begingen. Es war der richtige Moment für die Inszenierung
des Pogroms, für den die Be-
zeichnung „Reichskristallnacht"
25 populär wurde. Die Stimmung war
durch eine Pressekampagne
längst angeheizt. In Nordhessen
und Anhalt hatte es am Vortag
schon Ausschreitungen gegen
30 Synagogen und jüdische Ge-
schäfte aus lokaler Initiative gegeben. Goebbels
predigte in München Rache und „Vergeltung".
Über Gaupropagandaämter und von diesen weiter zu den Kreis- und Ortsgruppenleitungen bzw.
35 zu den SA-Stäben im ganzen Reich gaben die
Parteioberen aus München, nun schon in der
Form des Befehls, am späten Abend des 9. November telefonisch die Parole weiter. Das war so
mit Hitler verabredet.
40 Die Aufforderung wurde bei den Nationalsozialisten im ganzen Land verstanden, wenige Stunden
später standen die Synagogen in Flammen, wurden Juden öffentlich misshandelt, wurde jüdisches Eigentum zerstört und geraubt. Die Auffor-
45 derung zum Pogrom durch die NSDAP kam einem
bei vielen Parteigenossen seit der „Kampfzeit der
Bewegung" brachliegenden Aktionsbedürfnis entgegen. Der organisierte Vandalismus gegen die
Minderheit sprang aber auch auf Unbeteiligte
50 über. Der Pogrom war offensichtlich für nicht we-

„Reichskristallnacht". Die zerstörte Synagoge in Nürnberg
Stadtarchiv Nürnberg

nige Ventil für Mord- und Zerstörungslust, die jetzt
öffentlich – weil sanktioniert – ausgelebt wurde.
Schadenfreude und Genugtuung über das
Schicksal der Juden waren häufig zu beobach-
tende Reaktionen, die sich in Plünderung, Er- 55
pressung und Denunziation äußerten und vor allem auf Bereicherung zu Lasten der rechtlos
gewordenen Juden zielten: Objekte der Begierde
waren die zu „arisierenden" Geschäfte, Wohnungen, Büros, Arztpraxen und anderes. 60
Die Schreckensnacht verlief im ganzen Deutschen
Reich – zu dem seit einigen Monaten auch Öster-
reich gehörte – in ähnlicher Form. Zumeist in Zivil
erschienen SA-Männer und Angehörige anderer
Parteigliederungen, die den „spontan aufwallen- 65
den Volkszorn" verkörperten, vor Gebäuden der
Jüdischen Gemeinden, vor Geschäften und Wohnungen bekannter Juden. Sie johlten und warfen
Fenster ein. Synagogen waren bevorzugte Ziele,
die krawallseligen Horden erbrachen die Türen, 70

Einfach Deutsch: Unterrichtsmodell: Es geschah im Nachbarhaus © Schöningh Verlag 2005

verwüsteten das Innere und legten schließlich Feuer.

Die Feuerwehr hatte ausdrücklichen Befehl, brennende Synagogen nicht zu löschen, sondern lediglich Nachbarhäuser zu schützen, wenn der Brand überzugreifen drohte. Im ganzen Land machte sich der von SA und Würdenträgern der NSDAP (die oft gleichzeitig Bürgermeister waren) geführte Mob das Vergnügen, in jüdische Wohnungen einzudringen, Mobiliar zu zerstören und verängstigte Juden, Kaufleute, Rechtsanwälte, Rabbiner und andere angesehene Bürger zu misshandeln und zu demütigen.

Zunächst Unbeteiligte gerieten in den Sog des Pogroms, Neugierige mischten sich mit den tobenden Fanatikern zum marodierenden, johlenden, gewalttätigen Mob. Sensationslust trieb die Menschen auf die Straße, wo unter dem Eindruck des Geschehens aus Nachbarn plündernde Eindringlinge, aus Bürgern Partikel kollektiver Raserei wurden. [...]

Aus: Wolfgang Benz, Geschichte des Dritten Reiches, Verlag C. H. Beck oHG, München, ISBN 3-406-467652

Z. 3   legislativ = gesetzgebend; administrativ = die staatliche Verwaltung betreffend
Z. 23   Pogrom = Hetze mit gewalttätigen Mitteln gegen eine bestimmte Bevölkerungsgruppe, besonders gegen die Juden
Z. 47   brachliegen = ungenutzt sein
Z. 48   Vandalismus = Zerstörungswut
Z. 56   Denunziation = Anschwärzung, unbegründete Anschuldigung
Z. 86   marodierend = plündernd

EinFach Deutsch: Unterrichtsmodell: Es geschah im Nachbarhaus © Schöningh Verlag 2005

Die Judenverfolgung im Dritten Reich

Während der nationalsozialistischen Herrschaft richteten sich in Deutschland der Staat und weite Teile der Gesellschaft mit verschiedenen Maßnahmen und Aktionen gegen Menschen jüdischen Glaubens. Diese immer weiter greifende Ausgrenzung der Juden bis hin zur geplanten völligen Vernichtung war ein wesentlicher Bestandteil der nationalsozialistischen Politik.

Bereits im Parteiprogramm der NSDAP (Nationalsozialistische Deutsche Arbeiterpartei **(1920)** und in A. Hitlers Buch „Mein Kampf" wird auf der Grundlage der nationalsozialistischen Rassenkunde behauptet, dass Juden im Gegensatz zur nordischen Rasse einer minderwertigen Rasse angehörten. Entscheidender Träger der Rasseeigenschaften sei das Blut. Schon vor der Macht-

übernahme der Nationalsozialisten kam es hin und wieder zu gewalttätigen Verfolgungen durch einzelne nationalsozialistische Gruppen und Abteilungen. Am **1.4.1933**, nur zwei Monate nach der Machtübernahme durch die Nationalsozialisten, wurden erste überregionale Maßnahmen durch die NSDAP ergriffen, die vom Reichskanzler Hitler geduldet wurden. Es wurde öffentlich zum Boykott jüdischer Geschäfte aufgerufen. Auf Plakaten und Flugblättern wurde gefordert: *„Deutsche, kauft nicht bei Juden!"*

© bpk, Berlin

Uniformierte NSDAP-Anhänger bezogen vor jüdischen Geschäften Posten. Auf Massenkundgebungen wurde immer wieder die Zurückdrängung aller Juden aus dem öffentlichen Leben gefordert.

Am **7.4.1933** wurde in einem Gesetz erstmals der sogenannte „Arierparagraph" erlassen. In diesem „Gesetz zur Wiederherstellung des Berufsbeamtentums" wurde in Paragraph 3 bestimmt, dass das Dienstverhältnis fast aller Beamten, die nicht arischer Abstammung waren, zu beenden sei. Dicht aufeinander folgten weitere Gesetze zur Diskriminierung der Juden:

Gesetz zur Überfüllung von deutschen Schulen und Hochschulen am **25.4.1933** (= Ausschluss vieler jüdischer Studenten), Schriftleitergesetz, **4.10.1933** (= Verbot für jüd. Redakteure) und weitere verschiedene Berufsverbote für Juden.

Am **15.9.1935** wurden die Juden durch die Nürnberger Rassegesetze und darauffolgende weitere Verordnungen, Gesetze, Erlasse und Verfügungen (bis 1939 fast 250mal) allesamt zu Bürgern zweiter Klasse herabgestuft. Ehen oder außerehelicher Geschlechtsverkehr zwischen „Juden und Staatsangehörigen deutschen oder artverwandten Blutes" wurden verboten. Das politische Stimmrecht und öffentliche Ämter wurden ihnen abgesprochen. Juden durften keine leitenden Ärzte in Krankenhäusern mehr sein, privates jüdisches Vermögen über 5000 Reichsmark musste angegeben werden, jüdische Handwerksbetriebe und Fabriken mussten registriert und als jüdische Betriebe gekennzeichnet werden, jüdische Ärzte und Rechtsanwälte durften nur noch Juden betreuen. In den Ausweisen aller Juden wurde zwangsweise ein weiterer Vorname (Sara bzw. Israel) eingetragen.

Die sogenannte Reichskristallnacht kennzeichnet einen weiteren gewaltsamen Schritt in der Judenverfolgung. In der Nacht des **9.11.1938** wurden jüdische Gotteshäuser, Betriebe und Wohnungen zerstört und angezündet. Mehr als 200.000 Juden wurden verhaftet und in Konzentrationslager eingewiesen. Es kam durch die Enteignung jüdischer Betriebe, Grundstücke sowie jüdischen Vermögens zur völligen Verdrängung der Juden aus dem Wirtschaftsleben.

Neben wirtschaftlichen Maßnahmen wurden die Juden auch im persönlichen und gesellschaftlichen Leben immer weiter eingeschränkt: Sie durften keine Kinos und Theater und dann auch keine anderen öffentlichen Veranstaltungen besuchen, sie durften bestimmte Bezirke der Städte nicht mehr betreten und sich nur zu bestimmten Tageszeiten in der Öffentlichkeit aufhalten. Führerscheine und Autozulassungen wurden einge-

EinFach Deutsch: Unterrichtsmodell: Es geschah im Nachbarhaus © Schöningh Verlag 2005

zogen und es konnte eine Zwangseinweisung in sogenannte Judenhäuser erfolgen.

Vielen Juden gelang es, ins benachbarte Ausland auszuwandern. Dort kamen sie jedoch nach
105 Kriegsbeginn und den großen deutschen Eroberungen in den Blitzkriegen wieder unter deutsche Herrschaft und mussten weitere Drangsalierungen erdulden. So fielen die in die Benelux-Staaten und nach Nordfrankreich geflüchteten Juden genauso
110 in die Hände ihrer Schergen wie die nach Polen oder Norwegen entkommenen.

Vom **23.11.1939** an mussten Juden in Polen, dann auch in den anderen deutschen Gebieten einen gelben Davidstern (Judenstern) auf ihrer Kleidung
115 tragen. So waren sie, wie im Mittelalter die Aussätzigen, schon von weitem zu erkennen. Mit der Besetzung fremder Gebiete begann die Zwangsumsiedlung der Juden in Gettos. In verschiedenen Einzelaktionen und bei Massenerschießungen
120 wurden zahllose Juden hingerichtet.

Die Gestapo (Geheime Staatspolizei) war entscheidend an den Verhaftungen und Deportationen beteiligt. Sie hatte die Aufgabe, „staatsgefährdende Aktivitäten" zu verhindern. Dabei hatte sie keinem Gericht Rechenschaft über Haus- 125 durchsuchungen, Verhaftungen, brutale Verhöre oder Hinrichtungen abzugeben. In allen besetzten deutschen Gebieten war die Gestapo tätig.

Wahrscheinlich wurde am **20.1.1942** auf einer Konferenz führender Nationalsozialisten in Berlin- 130 Wannsee die so genannte „Endlösung", d. h. die systematische Ermordung aller Juden in Konzentrationslagern, beschlossen. Die bereits seit **Oktober 1941** laufenden Deportationen wurden zu Massentransporten zu den Konzentrationslagern 135 wie Auschwitz und Treblinka ausgeweitet. Dort wurden die Juden mit Gas getötet. Bis zum Ende des Dritten Reiches wurden schätzungsweise 6 Millionen jüdische Männer, Frauen und Kinder aus ganz Europa hingerichtet. 140

Aus: Sandra Graunke: „Der gelbe Vogel" von M. Levoy. EinFach Deutsch, hrsg. von J. Diekhans. Paderborn: Schöningh 1998, S. 38f.

EinFach Deutsch: Unterrichtsmodell: Es geschah im Nachbarhaus © Schöningh Verlag 2005

Projekt: Lese- und Schreibwerkstatt

© Beltz & Gelberg, Weinheim

EinFach Deutsch Unterrichtsmodell: Es geschah im Nachbarhaus © Schöningh Verlag 2005

- ❐ *Du bist aufgefordert, für die Textsammlung „Gegen Fremdenhass und Rassismus" einen Beitrag zu schreiben. Du kannst ein Gedicht verfassen, eine (Kurz-)Geschichte oder auch einen szenischen (dialogischen) Text.*

- ❐ *Hol dir das Buch von Silvia Bartholl aus der Stadtbücherei. Finden sich darin Texte, die als „Antwort" auf Fährmanns Buch „Es geschah im Nachbarhaus" gelesen werden können? Stelle deiner Klasse diese Texte vor und begründe deine Wahl.*

- ❐ *Sucht weitere Texte/Jugendbücher zum Thema „Ausländerhass, Fremdenfeindlichkeit, Diskriminierung, Antisemitismus und was man dagegen tun kann". Vielleicht könnt ihr mit diesen Büchern eine Lesenacht organisieren.*

- ❐ *Erstellt auf der Grundlage eurer „Bücherfunde" eine Leseliste, die ihr auch kommentieren könnt, und verteilt sie als „Lektüreempfehlung" an andere Klassen.*

- ❐ *Gestaltet als Klasse im Foyer der Schule oder in Zusammenarbeit mit einem ortsansässigen Buchhändler eine Büchervitrine/ein Bücherfenster zum Thema „Texte dagegen".*

Literaturhinweise

Didaktik

H. Müller-Michaels, Literatur im Alltag und Unterricht. Ansätze einer Rezeptionspragmatik, Kronsberg/TS 1978
H. Müller-Michaels, Deutschkurse. Modelle und Erprobung angewandter Germanistik in der gymnasialen Oberstufe, Frankfurt a. M. 1987

Der Autor Willi Fährmann

M. Born, Analysen und Interpretationen zu Fährmanns Bienmann-Saga. In: Zum Lesen verlocken...
Begleitmaterialien des Arena-Verlages
H. Fischer, Es geschah im Nachbarhaus (7. bis 10. Schuljahr). In: M. Born (Hrsg.), Entdeckungsreisen. Jugendbücher von Willi Fährmann als Klassenlektüre, Zwickau (Arena) 2002 *[ein gutes didaktisches Begleitheft mit wertvollen Unterrichtsvorschlägen zu den wichtigsten Jugendbüchern Fährmanns]*
B. Mogge, Abenteuer müssen im Kopf beginnen. Willi Fährmann zum 65. Geburtstag. In: Rheinischer Merkur 49/9.12.1994, S. 29

Das Judentum

E. Aleff (Hrsg.), Das Dritte Reich, Edition Zeitgeschichte, 15. Aufl. Hannover 1970
A.H. Baumann (Hrsg.), Was jeder vom Judentum wissen muss, 5. durchges. u. erw. Aufl. Gütersloh 1990
W. Benz, Geschichte des Dritten Reiches, München 2000
G. Buchholz (Hrsg.): Religionslexikon, Daten, Fakten und Zusammenhänge, 4., überarb. Aufl., Berlin 2001
P. Freimark u. a. (Hrsg.), Große fremde Religionen, Hannover 1981
G. Haas-Matzke, PTI-Informationen RU. Materialien, Medien, Methoden 3/4 1994
E. McCreery, Religionen kennen lernen. Judentum, Mülheim a. d. Ruhr 1998
A. Paffenholz, Was macht der Rabbi den ganzen Tag? Das Judentum. (Reihe Weltreligionen), 2. Aufl. Düsseldorf 1996
R. Proske/A. Schmitz (Hrsg.), Spuren der Vergangenheit .... Ausgewählte Jugendbücher über Nationalsozialismus und Neonazismus, Münster 1988
H. Pross (Hrsg.), Die Zerstörung der deutschen Politik, Dokumente 1871 – 1999, neu hrsg. u. komm. v. H. Pross, Frankfurt a. M. 1983
W. Stegemann/ J. Eichmann, Jüdisches Museum Westfalen. Dokumentationszentrum und Lehrhaus für jüdische Geschichte und Religion in Dorsten. Ein Beitrag zur Geschichte der Juden in Westfalen – Katalog, Dorsten 1992
P. Tinkl/M. Tinkl, Einheit in Vielfalt – Die christlichen Kirchen. Eine ökumenische Unterrichtseinheit für die Unterstufe (113 Seiten). In: Unterrichtskonzepte Religion, Unterstufe (ökumenischer Beitrag) Stark-Verlag (Loseblattsammlung)
W. Trutwin, Die Weltreligionen. Arbeitsblätter für die Sekundarstufe II: Religion – Philosophie – Ethik. Judentum Düsseldorf o. J.
M. Zimmermann (Hrsg.), Geschichte der Juden im Rheinland und in Westfalen, Köln, Stuttgart, Berlin 1998 (= Schriften zur politischen Landeskunde Nordrhein-Westfalens)

EinFach Deutsch

Unterrichtsmodelle

Herausgegeben von Johannes Diekhans

Ausgewählte Titel der Reihe:

Schöningh Verlag
Postfach 2540
33055 Paderborn

Schöningh

Fordern Sie unseren Prospekt zur kompletten Reihe an:
Informationen 0800 / 18 18 787 (freecall)
info@schoeningh.de / www.schoeningh-schulbuch.de